赤溪
中國扶貧第一村
乙未秋月徐寒題

赤溪

「中国扶贫第一村」纪实

王绍据 著

图书在版编目（CIP）数据

赤溪：“中国扶贫第一村”纪实/王绍据著.—福州：福建人民出版社，2016.3

ISBN 978-7-211-07361-0

Ⅰ. ①赤… Ⅱ. ①王… Ⅲ. ①农村经济发展—成就—宁德市 Ⅳ. ①F327.573

中国版本图书馆CIP数据核字（2016）第053495号

赤溪

CHIXI

——“中国扶贫第一村”纪实

作　　者：王绍据
责任编辑：潘静超　王金团
出版发行：海峡出版发行集团
福建人民出版社　　电　　话：0591-87533169（发行部）
网　　址：http://www.fjpph.com　　电子邮箱：fjpph7211@126.com
地　　址：福州市东水路76号　　邮政编码：350001
经　　销：福建新华发行（集团）有限责任公司
印　　刷：福建省金盾彩色印刷有限公司
地　　址：福州市晋安区福光路23号　　邮政编码：350014
开　　本：787毫米×1092毫米　1/16
印　　张：10.5
字　　数：90千字
版　　次：2016年3月第1版　　2016年3月第1次印刷
书　　号：ISBN 978-7-211-07361-0
定　　价：25.00元

目录

前言

宁德，是习近平同志曾经工作过的地方，是他第一部个人专著《摆脱贫困》的诞生地。他倡导“滴水穿石”的闽东精神、“弱鸟先飞”的进取意识、“四下基层”的工作作风，形成了一系列推进脱贫致富的实践探索和理论创新。

宁德，是习近平总书记新时期扶贫开发战略思想形成的重要“策源地”和“试验田”。

党的十八届五中全会召开之后的第一场政治局会议，于2015年11月23日举行，审议通过了《关于打赢脱贫攻坚战的决定》。

紧接着在当月27日至28日，中央扶贫开发工作会议召开，习近平总书记在会上强调：我们要立下愚公移山志，咬定目标、苦干实干，坚决打赢脱贫攻坚战，确保到2020年所有贫困地区和贫困人口一道迈入全面小康社会。这次会议堪称中国减贫史上“会议规格高”“责任要求高”“攻坚谋略高”的“三高”会议。

时隔月余，习近平总书记发表2016年新年贺辞。在通篇不到1300字的讲话中，他又明确强调了“为全面建成小康社会决胜阶段开好局、起好步”，“让几千万农村贫困人口生活好起来，是我心中的牵挂”。“我们吹响了打赢扶贫攻坚战的号角，全党全国要勠力同心，着力补齐这块短板，确保农村所有贫困人口如期摆脱贫困。”

如此高频率的强调，充分说明党中央铁下心来把“摆脱贫困，全面建成小康”列为我们党实现“两个一百年”奋斗目标和中华民族伟大复兴中国梦的关键一步。

2015年1月29日，习近平总书记在国家民族事务委员会《民族工作简报》第六期上，对福建省福鼎市磻溪镇赤溪村的消息作了一段很长的批语。他赞扬“宁德赤溪畲族村干部群众艰苦奋斗、顽强拼搏、滴水穿石、久久为功”的精神；他强调“全面实现小康，少数民族一个都不能少，一个都不能掉队”；他号召“要以时不我待的担当精神，创新工作思路，加大扶持力度，因地制宜、精准发力，确保如期啃下少数民族脱贫这块硬骨头，确保各族群众如期实现全面小康”。

猴年春节刚过12天，习近平总书记第一次通过视频连线，与赤溪村的干部和村民代表面对面地亲切交流，听取村党支部书记情况汇报，肯定了“中国扶贫第一村”——赤溪村取得的成绩，是凝聚着宁德人民群众、赤溪村干部村民的心血和汗水。他“希望赤溪村再接再厉，在现有取得很好成绩的基础上，自强不息，继续努力”。

木有本，水有源。作为党的总书记、作为国家主席，日理万机，繁忙可想而知，为何连续两年对一个小小的赤溪村如此关注，既作亲笔批示，又有视频对话呢？

“小康不小康，关键看老乡。”老乡在哪里？老乡在村里。

村庄是农村社会的细胞。没有村庄的小康，就没有乡镇的小康；没有乡镇的小康，就没有县、市的小康……简而言之：全面建成小康社会，就是有赖于各县市、各乡镇、各村庄，“一个都不能少，一个都不能掉队”！

赤溪畲族村，既有汉族群众，又有畲族群众；既有昔日远近闻名的贫穷状况，又有今天摆脱贫困华丽转身的富裕现实。“麻雀虽小，五脏俱全。”正如习近平总书记在视频中所揭示的：“它的历程是我们全国扶贫的一个历程。”

遵照习近平总书记提出的“要很好地总结”，“为下一步我们全国全面摆脱贫困，建成小康”提供扶贫经验的嘱托，本书从赤溪村“贫穷的呼唤”到“‘输血’扶贫困”，又从“‘换血’刨穷根”到“‘造血’寻富路”，直到“建设小康村”及“未结束的尾声”六个部分，叙述了赤溪村32年的脱贫历程。

今年是全面建成小康社会决胜阶段的开局之年，如此书能起到抛砖引玉之作用，或为正在扶贫攻坚的人们提供些许借鉴，乃心愿也！

作　者

2016年3月15日

第一章 贫穷的呼唤

1. 盛产漆树的深山

在被誉为“海上仙都”的国家AAAAA级风景名胜区太姥山西南之麓，有个方圆近10平方公里的行政村——赤溪村。

这里青山环绕，群峦叠嶂，林木滴翠，竹影婆娑。清

生态赤溪　天然氧吧

碧见底的下山溪和款款流淌的九鲤溪交汇在赤溪村境内，为这个风光旖旎的村寨平添了许多灵气。

踏进村口，首先映入眼帘的是一块重达75吨的巨大原石，其形犹如一只正欲展翅起飞的雄鹰。在石碑平面上镌刻着9个镏金大字：赤溪——中国扶贫第一村。

每逢节假日，纷至沓来的各方游客争相在此留影纪念。石碑对面，是新建的赤溪风情园和赤溪健康产业园。停车场泊满了慕名而来的自驾车，好一派繁荣景象。

行走在村里平坦宽阔的长安新街上，整洁有序的民居一致白墙黛瓦格调，在绿树与翠竹的映衬下更显得色彩夺目。家家户户高挂大红灯笼，装点出一片喜庆气氛。街道两旁开设着茶叶店、特产店、鱼香楼、小酒楼、品茗室、农家乐等，令人目不暇接；银行卡服务点、火车票代售点、卫生

赤溪村的徽式建筑在闽东别具一格

矗立在赤溪村口的“中国扶贫第一村”石碑

所、警务室、法庭代办点等便民设施，也是一应俱全。村里及四周还建有农民公园、蝴蝶生态园、七彩农场、生态鱼塘等，一派如诗似画的田园风光展现在人们眼前。

而谁能想象到，30多年前，这里却是闻名全国的特困村。

据年逾花甲的老村党支部书记黄国来回忆，他听他的祖辈说，400年前就有人搬迁到赤溪居住，最早是杜、吴、沈三姓。赤溪原名漆溪，是因这里山中盛产漆树而得名。漆树是古老的经济树种，性较耐寒，适应高山，木材坚实。其漆液是天然树脂涂料，类似橡胶树，只要用刀划破树皮就流出漆树液，将漆液收集经过煮沸后便成漆油胶，涂刷在木制的家具上，既能渗透木质又能闪光发亮，经久不褪颜色。1978年在湖北随州挖掘的战国时期的曾侯乙墓出土了许多漆具，依然色彩如新，足以见证。

漆的功能吸引了善于经营与制造的浙江人，他们不远千里来到深山老林中收集漆胶。因“漆”字与“赤”字谐音，且便于书写，逐渐有人把“漆溪”写成了“赤溪”。再由于这里除了漆树能为人们带来经济收入外，其他作物难以产生经济价值，“赤溪”亦作赤贫之说，时间久了，也就成了正式的村名了。

历史沧桑，山水依然。

时光回溯到20世纪90年代初，全村12个自然村280户1300多人，其中少数民族群众300多人，散居在崇山峻岭包围之中的僻壤旮旯，山陡、坡险、溪弯、地狭、村僻、人穷，是当时赤溪各个自然村的真实写照。山里通往集镇，唯有徒步崎岖山路，往返路途有的达100华里以上，人们所需的生产和生活物资，全部依赖肩挑手提，老人和孩子们都难以出山。仅有500余亩不肥沃的水田种植稻谷，全都缴纳公粮、统购粮，唯靠人均0.5亩的贫瘠农地种番薯当主粮，三分之一的人家还得挖野菜充饥。行政村所在地的群众虽有一些传统副业，但限于交通不便，信息闭塞，只能搞些竹筏运输柴片，做一些毛竹加工品，以贴补家用。直到1994年底，统计数字表明全村人均纯收入不上200元。

2. 山旮旯的尴尬

要说赤溪的贫困，应该从下山溪畲族村寨说起。

下山溪，并非村在溪边，而是下山之后才能见到溪。当地村民说："前门听水声，后门听鸟鸣。"意思是距崖下几百米处的溪水奔流，只闻其声，难见其形；紧贴屋后的是陡立的山崖。全村就这样"挂"在半山腰。18户人家分散在岗尾5户、羊头坑3户、石壁头4户、水井面3户、大墘下2户、樟臭弯1户。这哪里是个自然村啊？听听这些小

下山溪村破烂不堪的木瓦房

地名，足以令人毛骨悚然了！

有一首民谣这样唱道："昔日穷村下山溪，山高路险足迹稀。早出挑柴换油盐，晚归家门日落西。"

村民们住的：有的是破烂不堪的木瓦房，由于多年失修，瓦残木朽，外面下着大雨，屋内下着小雨；有的是每年必须翻修的茅草房，遇上狂风掀翻，一家人便无处躲身。户与户之间坡壁陡立，石墙高砌，往来艰难，有的甚至要走5华里长的羊肠小道。

村民们吃的：有的是番薯丝（用生番薯切丝晒干后煮吃），有的是一半番薯丝一半野菜混着煮，有的则全部是野菜。白米饭与他们无缘，只有女人坐月子时才能吃上几顿。餐桌上普遍用盐巴调开水当菜汤，有的户能买些腌的小带鱼、虾苗或带柳（一种只有小指宽的咸鱼），有的户则靠采挖野笋腌制成菜，备食一年四季。肉类，更是奢侈的食品，虽然有人家里自养着头把猪，但由于泔水不足，仅靠野菜难长膘，一两年才能出栏卖到钱，这可是全家的经济支柱，是看病吃药的命脉，谁能舍得杀猪吃肉呢？！

下山溪贫困村民的艰难生活

村民们穿的：多数人衣衫褴褛，补了又补；青壮男人光着膀子，有的人仅穿着一件满是补丁的背心；儿童们几乎都是光着屁股、打着赤脚，很少看到有穿鞋的。床上也

下山溪村村民住的茅草房

没有一件像样的被褥，床垫全是草编而成。

全村找不到一件像样的家具，家家户户的饭碗也是破缺不全的。

这些都穷不倒村民们，他们最揪心的是孩子们无法上学。早期村里聘请邻村的民办教师沈朝连，每月十块钱报酬，只教到三年级，四年级的学生就得到赤溪完小续读。提起昔日上学的事情，如今已四十出头的李乃松仍然记忆犹新，他说："我念四年级时，早晨天蒙蒙亮就得赶走15华里崎岖山路到赤溪上课，傍晚还得赶这么远路程回家。一路上野猫叫、猴子跳，我全然顾及不上，后来越想越害怕……"

大山阻隔，道路崎岖，让村民更伤心的是：这里远离乡镇卫生院，缺医少药，一旦患上急病，轻则病上加病，重则听天由命。雷文进一家三兄弟，因为患病缺医少药，更没钱请医生，长兄病亡之后，两个弟弟也因病无法治疗，相继去世，成了无主户。

下山溪村民小组组长（原生产队队长）李先如淌着辛酸的泪水诉说：“我们村里既无一分水田，也没大块农地，主粮番薯都是在石边岩角的‘斗笠丘’‘眉毛丘’上种植的。唯一的经济收入是靠砍柴扛竹到山外的集市出售，半天砍竹，半天扛运，每百斤毛竹一元钱，单肩扛着百来斤毛竹走在弯曲坎坷的山路，比在平坦路上挑二三百斤还吃力，起早摸黑才卖个块把钱。我就是靠这点收入攒了一点积蓄，23岁时娶了一门亲。贫穷夫妻多恩爱，一年后我的爱人雷菊花（畲族）有了身孕。当我妻子分娩时，忽然出血不止，昏迷不醒，亲戚和邻居们跪地求神拜佛，

去下山溪村最宽阔的一段路也令人生畏

祈祷母子平安。当大约3斤重的男婴无声坠地后，她却再也没有醒过来。大家放声号哭，呼天唤地，痛苦得很。当年要是村里有医有药，要是没有大山阻挡，要是距离卫生院近些，我爱人的生命就不会过早断送了！”

老实敦厚的李先如每每说起这段肝肠寸断的故事，禁不住泪水盈眶。后来他把这个男婴托给一位远亲喂乳细心照料，抚养到一周岁才抱回自家，取名李信桃。自此，他既当爹又当妈，孑然一身，再也没有续娶……

李先如接受记者采访时讲述当年的苦楚

3. 记者之责

如此贫困的下山溪，如此尴尬的山旮旯，在20世纪80年代鲜为人知。

党的十一届三中全会召开之后，农村实行了农业生产责任制，广大农民群众的生产积极性空前高涨，全国农村面貌发生了巨大变化，出现了前所未有的喜人景象。各级报纸、电台、电视台等新闻媒体大量报道各地涌现“万元户”“亿元村”“小康镇”的消息。一时间宣扬的莺歌燕舞形势，使人产生了广大农村和农民都富起来的错觉，以为社会主义社会已经告别贫穷了。

在“富浪”滚滚而来的时期，本人时任福鼎县委办公室副主任兼新闻科科长（报道组组长），主要职责是从事新闻报道。有一天与同事们在办公室聊天，来了一位磻溪公社的干部，他毫不掩饰地指出：“你们新闻单位只知道报喜不报忧，难道现在农民都富起来了吗？我们赤溪村的下山溪穷得婆媳同穿一条裤哩！”

如此尖锐的批评，我还是第一次听到。

“还真有这么穷的现象吗？”

我半信半疑，下决心“打破砂锅问到底”。

1984年5月15日清晨，雨过天晴，我从县城赶乘头一班区间车到达磻溪公社，再从磻溪徒步翻山越岭到赤溪村，然后从村里沿着一条布满荆棘、怪石嶙峋的崎岖小路攀登到下山溪自然村。一路上，饿了，就用路边店买来的一串光饼作干粮啃几口；渴了，就喝沿途的山泉水。全程不知走了多少里山路，后来听当地人计算总共是56华里，幸好那时年轻力壮，疲惫自然不在话下。

来到这个被深山老林湮没的村里，我亲眼看到了村民们食不果腹、衣难遮体的艰难与窘迫，震撼不已！

在一户村民家里，我看到有个少妇大白天裹着破棉被，不禁发问：“你生病了吗？”她十分尴尬地摇摇头，没回答。邻居告诉我说：“她家里更穷，只有一条裤子让婆婆上山采茶了，自己下不了床……”

尤其看到孩子们辍学、失学的无奈，更是百感交集。我的脑子里禁不住闪过这一幕：我12岁那年失去父亲，家境贫穷，初中一年级还没读完就辍学回家为生产队放牛，晚上练习写稿，连煤油灯都点不起，夏秋夜晚，只得抓萤火虫放在鸡蛋壳中当照明……

作者第2次深入下山溪村，看到村民锅里的野菜

穷苦心相连，现场真情牵。

我还了解到这个自然村不仅是

畲族聚居地，而且还是革命老区基点村，叶飞等老一辈革命家曾在这一带打过游击。解放前这里的人口逾百人，解放30多年后，这里人口不但没增，反而减少。原因是村里的姑娘争外嫁，山外的媳妇娶不来，光棍不断增加，唯有几个能生育的妇女，亦为后来的计划生育政策所限制。

更令人不解的是：山里没有一丘水田可种稻谷，仅有边边角角垦填出来的农地种些番薯，还不够村民们填饱肚子，却得年年交缴公粮、征购粮。

夕阳开始西下，我揣着沉重的心情原路返回，尽管初夏的美丽杜鹃映山红遍，却毫无兴趣瞟它一眼。我的心头像打翻了五味瓶：下山溪村民的先辈们曾经为革命付出鲜血和生命，怎能让烈士的后代和晚辈在解放后仍然过着住不挡雨、衣不蔽体、食不果腹的生活？

应该呼吁社会给予扶贫，帮助他们摆脱困境！我暗下决心。

回到县城，已是夜深人静，万籁俱寂。我躺在床上辗转反侧，难以入眠，脑海中不断浮现着那呛人鼻腔的野菜、那面黄肌瘦的男女村民、那光着脚丫的稚嫩孩子、那难以下床的尴尬少妇……

我咬咬牙起床，到凌晨2时写成了一篇题为《穷山村希望——实行特殊政策治穷致富》的信件：

编辑同志：

实行农业生产责任制以来，广大农民积极性空前高涨，农村形势发生了巨大变化。但是，还有一些地方，特别是偏僻边远的山村，至今仍处在穷困落后的状态。

穷山村希望——实行特殊政策治穷致富

编辑同志：

实行农业生产责任制以来，广大农民积极性空前高涨，农村形势发生了巨大变化。但是，还有一些地方，特别是偏僻边远的山村，至今仍处在穷困落后的状态。

在闽东福鼎县与霞浦县交界的一条深山峡谷里，有一个穷山村。这里地名叫下山溪，全村十八户，八十一口人。他们居住的房屋十分简陋与破烂，耕种的土地全是贫瘠狭小的山坡地，粮食产量极低。他们祖祖辈辈靠吃蕃薯度日，偶尔到外地集镇买几斤大米，只能在春节期间吃两顿，或供妇女"坐月子"吃几天。他们身上穿的破破烂烂，有的人买不起鞋子而光着脚板。这里农民的文化水平更低。解放三十

当时写反映下山溪村贫穷情况信件的影印件

在闽东福鼎县与霞浦县交界的一条深山峡谷里，有一个穷山村。这里地名叫下山溪，全村十八户，八十一口人。他们居住的房屋十分简陋与破烂，耕种的土地全是贫瘠狭小的山坡地，粮食产量极低。他们祖祖辈辈靠吃番薯度日，偶尔到外地集镇买几斤大米，只能在春节期间吃两顿，或供妇女“坐月子”吃几天。他们身上穿的（得）破破烂烂，有的人买不起鞋子而光着脚板。这里农民的文化水平更低。解放三十多年来，这里只出过一个高小毕业生。据了解，在闽东山区尚有一些村庄至今生活仍很艰苦。这些地方大多数是解放前红军和游击队的根据地。

要使下山溪这样的穷地方富裕起来，依靠国家零星的救济见效不大。我认为只有从这里的实际出发，扬长避短，并给予特殊的政策扶持，方可从根本上改变其贫穷落后的面貌。下山溪村拥有一千二百多亩的山场，可以大力发展山羊，每户养几十只，这里就成了一个养羊基地。还可以把现有的灌木林逐步改变为

杉木、柳杉等混交林；同时大量种植毛竹、棕树，做到长短结合，提高经济效益。这样，要不了多久，这里就能逐渐富裕起来。

实现上述富裕目标，就要实行一些特殊政策，例如，有关部门要舍得花一笔投资，帮助他们搞开发性生产，或由有关单位提供资金、种苗，同他们直接联办羊场、林场。要创造条件帮助他们从外地引进人才、技术，并保送一些当地青少年到外地学文化、技术，然后回村领导生产。另外，建议国家能减免粮食征购任务。在最好年景，下山溪全村平均每人占有几百斤粗粮。每年向国家交售之后，口粮往往发生困难。下山溪的群众迫切希望干部到那里去走走。

福建省福鼎县委报道组　王绍据

1984.5.15

翌日起早，我揣着这封信从福鼎出发，乘长途班车颠簸了8个多小时到达福州。原想找一家省级媒体的一位资深编辑，希望能在内参上刊登，引起上级领导关注。不料，这位老编辑看后兜头泼了一盆冷水，他毫不客气地批评说：“现在全国各地都在宣扬农村富裕的大好形势，你却披露缺吃少穿的黑暗面，这不是给三中全会路线抹黑吗？”

碰了“钉子”回到家，我的同事和朋友也有这样的看法，他们认为“木秀于林，风必摧之”，“出头的椽子先烂”，“何苦要冒这风险”！

我的心情错综复杂，更加难以平静：老编辑和同志们的相劝不无道理，这封信中反映的情况，确是与大好形势格格不入。但是，类似下山溪村这样贫穷的状况绝不是个别现象。只看到成绩，看不到存在问题，这绝不是共产党人的真理，也有悖于实事求是路线。本人身为新闻记者，应该学习范长江前辈“铁肩担道义”的大无畏精神，尊重现实，敢于坦言，责任担当。倘若连了解基层真实情况的记者都不敢面对现实，正视贫困，甚至没有勇气讲真话，党中央怎能够了解下情？而我作为土生土长的农民的儿子，怎能对得起父老乡亲？！

思前想后，我终于横下一条心：如果受到处理，我情愿回乡再当农民！

第三天，我怀着试试看的心情，把这封反映下山溪村真实情况的信件径直寄往北京：中共中央机关报——《人民日报》编辑部。

4. 党中央发声

我原只是想尽到一个记者的职责，如实向上反映情况罢了，至于这封信能否寄到，会如何处理，却是没有把握。

事态的发展出乎我的预料。《人民日报》编辑部收到这封“不合时宜”的信后，先以内参件形式报送中央领导决策层。据传，当时中共中央政治局一位常委作了批示。此件很快传真到中共福建省委办公厅。1984年6月5日，省委办公厅《情况简报》第104期刊登了中办传阅件，省委领导在传阅件上写道：“此件所提要求应限期解决，类似这样的边远山区，也应采取类似的措施。我们对不起这些地区的人民。”

紧接着，《人民日报》于1984年6月24日在第一版刊登了这封来信，并配发了题为《关怀贫困地区》的评论员文章：

> 我国农村形势很好，生产显著增长，农民生活改善，大家都是看到了的。实事求是的思想原则要求我们同时看到另一方面，这就是农村尚有局部地区和少数贫困户，在生产、生活上还存在着相当大的困难，有一部分农民的温饱问题还没有得到解决。今天本报读者来信中反映的闽东一个贫困山村的情况，就是一

个有代表性的例子。

来信里所说的这类贫困现象，多出现在老革命根据地、少数民族地区、山区、边疆地区。其中有些地区过去在战争年代曾经对革命作出很大贡献，解放以后理应得到较快的发展，政府在财政上也给予不小的支援。但在过去一段相当长的时间里，由于政策上“左”的偏差，这些地区生产、交通、文教、卫生、科技落后的历史状况改变不大，不少群众依然过着“吃粮靠定销、花钱靠救济、生产靠贷款”的穷困日子。我们共产党人的天职，就是领导全体人民走共同富裕的道路，如果让这些贫困现象长久继续下去，不但会影响整个农村经济的持续发展，也愧对那里曾为革命做出过牺牲的父老乡亲。

少数贫困地区存在的问题，整个说来属于支流问题。但我们决不能因此而忽视它。支流问题拖着不去解决，越积越多，在一定条件下也会造成灾难。我们有些同志，过去那种搞浮夸、搞形式主义、报喜不报忧的毛病，至今没有很好克服，工作上只搞“锦上添花”，不去“雪中送炭”，谁一提到困难，似乎就是给大好形势抹黑。这种毛病如果不克服，势必助长脱离群众脱离实际的盲目乐观情绪，进而导致工作上的失误。

最近中央领导同志提醒各地，在当前农村大好形势下，要重视发现和解决支流问题。这对继续发展农村好形势是极为重要的。让我们在抓好主流，促进农村大部分地区经济继续繁荣兴旺的同时，下决心到那些贫困落后的地区去走一走，实地调查一下那里究竟是什么样子？有哪些困难？应当采取哪些特殊政策和措施？跟那里的干部、群众坐在一起，共同研究治穷

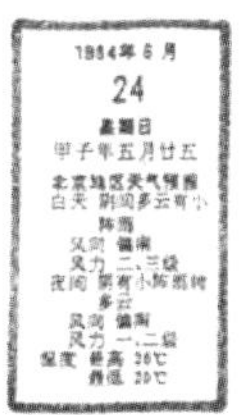

适应改革形势，加强地区和部门责任心

国家计委简化基建项目审批程序

据新华社北京6月23日电 （记者陈乃进）为适应改革的新形势，国家计委正在简化基本建设项目的审批程序，确定把需要由他们审批的项目的手续由过去的五道简化为只审批项目建议书和设计任务书两道。

过去，国家计委对基本建设大中型项目的审批手续有五道：即项目建议书，可行性研究报告，设计任务书，初步设计，开工报告。国家计委的同志在履行审批手续时，为了摸清情况，往往要耗费很多精力和时间，而一些项目的主管部门则有依赖心理，对建设前期的工作缺乏严肃负责的态度。

赵紫阳总理在六届人大二次会议上的《政府工作报告》中强调要对基本建设"简化审批程序"，提出"国家计委拟将过去的五道手续简化为两道手续"以后，国家计委进行了认真的研究。他们认为，随着推行基本建设投资包干制，简化审批程序，将一部分审批权放给负责项目建设的地区和部门，既是必要的，也是可能的。

基本建设项目审批手续的简化，可以使国家计委的干部摆脱大量的审批事务，腾出更多的时间和精力去研究国民经济发展长远规划中的重大问题，抓好关系国民经济全局的重点建设，又有利于调动地区、部门搞好基本建设的积极性，加强他们的责任心。

关　怀　贫　困　地　区

本报评论员

我国农村形势很好，生产显著增长，农民生活改善，大家都是看到了的。实事求是的思想原则要求我们同时看到另一方面，这就是农村尚有局部地区和少数贫困户，在生产、生活上还存在着相当大的困难，有一部分农民的温饱问题还没有得到解决。今天本报读者来信中反映的闽东一个贫困山村的情况，就是一个有代表性的例子。

来信里所说的这类贫困现象，多出现在老革命根据地、少数民族地区、山区、边疆地区。其中有些地区过去在战争年代曾经对革命作出很大贡献，解放以后理应得到较快的发展，政府在财政上也给予不小的支援，但在过去一个相当长的时间里，由于政策上"左"的偏差，这些地区生产、交通、文教、卫生、科技落后的历史状况改变不大，不少群众依然过着"吃粮靠返销、花钱靠救济、生产靠贷款"的穷困日子。我们共产党人的天职，就是领导全体人民走共同富裕的道路。如果让这些贫困现象长久继续下去，不但会影响整个农村经济的持续发展，也愧对那里曾为革命做出过牺牲的父老乡亲。

少数贫困地区存在的问题，整个说来属于支流问题。但我们决不能因此而忽视它。支流问题放着不去解决，越积越多，在一定条件下也会酿成灾难。我们有些同志，过去 [illegible] 病，至今没有很好克服，工作上只满足"锦上添花"，不去"雪中送炭"，谁一提到困难，似乎就是给大好形势抹黑。这种毛病如果不克服，势必助长脱离群众脱离实际的盲目乐观情绪，进而导致工作上的失误。

最近中央领导同志提醒各地，在当前农村大好形势下，要重视发现和解决支流问题，这对继续发展农村好形势是极为重要的。让我们在抓好主流、促进农村大部分地区经济继续繁荣兴旺的同时，下决心到那些贫困落后的地区去走一走，实地调查一下那里究竟是什么样子？有哪些困难？应当采取哪些特殊政策和措施？跟那里的干部、群众坐在一起，共同研究治穷致富的门路。能解决的问题就抓紧解决，哪怕是解决一两个问题，总比空泛议论好得多。我们深信，既然在党的十一届三中全会之后，多数农村能很快富裕起来，这少数地区只要政策对头，经过努力，也一定能较快改变贫困面貌。

领导、专家到胜利油田办公

决　十　个　问　题

人报道：6……部部长李毅……二十二人，……个半天时间……各主要勘……实地调查，……司局领导分……，有部级……主要问题，……之内，解……油外输和生

今年以来，胜利油田在去年增产原油二百零三万吨的基础上，石油勘探、原油生产持续发展。1至5月份，打出高产油井五十九口，其中有六口"千吨井"。5月份，原油平均日产量和去年同期相比，上升九千七百多吨。但是，胜利油田原来的生产设施较差，极不适应生产发展的需要，油田所需要的器材和物资也有一些缺口。所有这些都给生产发展带来较大困难。石油部有关领导，及时到胜利油田办公，用很短时间解决了急待解决的问题，很受油田职工欢迎。

李先念会见……

指出中国同欧……

新华社北京6月23日电 国家主席李先念今天上午在人民大会堂会见了欧洲议会议长彼得·丹克尔特和夫人。

李先念主席对丹克尔特议长一行的来访表示热烈欢迎。他说，最近赵紫阳总理访问了西欧国家和欧洲共同体。这是中国采取的一个重要步骤。这次访问取得了圆满成功。

李先念对中国自1975年同欧洲经济共同体建交以来，双方在政治、经济、文……

为发展冒中友好合作关系作出贡献

穷山村希望——实行特殊政策治穷致富

来信

编辑同志：

实行生产责任制以后，农村发生了巨大的变化。但是，还有一些地方，特别是偏僻边远的山村，至今仍处于穷困落后的状态。

在闽东福鼎县与霞浦县交界的一条深峡谷里，有一个穷山村，这里地名叫下山溪，全村十八户，八十一口人。他们居住的房子十分简陋，耕种的土地全是贫瘠狭小的山坡地，粮食产量极低。他们祖祖辈辈吃薯薯度日，偶尔到外地买几斤大米，只能在春节吃两顿，或供妇女"坐月子"吃几天。他们身上穿的破破烂烂，有的人买不起鞋子而光着脚板。他们的文化水平更低，解放三十多年来，这里只出过一个高小毕业生。据了解，在闽东山区尚有一些村庄至今生活仍很艰苦，这些地方大多数是解放前红军和游击队的根据地。

要使下山溪这样的穷地方富裕起来，依靠国家零星的救济见效不大。我认为只有从这里的实际出发，扬长避短，并给予特殊的政策扶持，方可从根本上改变其贫穷落后的面貌。下山溪村拥有一千二百多亩的山场，可以大力发展山羊，每户养几十只，这里就成了一个养羊基地。还可以把现有的灌木林逐步改变为杉木、松杉毒樱交林，同时大量种植毛竹、棕树，做到长短结合，提高经济效益。这样，要不了多久，这里就能逐渐富裕起来。

实现上述富裕目标，就要实行一些特殊政策。例如，有关部门要舍得花一笔投资，帮助他们搞开发性生产，或由有关单位提供资金、种苗，同他们直接联办羊场、林场。要创造条件帮助他们从外地引进人才、技术，并保送一些当地青少年到外地学文化、技术，然后回村领导生产。

另外，建议国家能减免粮食征购任务。在最好年景，下山溪全村平均每人占有几百斤粗粮，每年向国家交售之后，口粮往往发生困难。

下山溪的群众迫切希望干部到那里去走走。

福建福鼎县　王绍据

《人民日报》1984年6月24日第一版的缩印件

致富的门路。能解决的问题就抓紧解决，那怕是解决一两个问题，总比空发议论好得多。我们深信，既然在党的十一届三中全会之后，多数农村能很快富裕起来，这少数地区只要政策对头，经过努力，也一定能较快改变贫困面貌。

《人民日报》是中共中央之喉舌。来自北京中南海的发声，犹如一声春雷响彻神州大地，立刻引起全国各地的强烈反应。下山溪村和我本人陆陆续续收到来自全国24个省、市、自治区的来信，有干部、有工人，有教师、有学生，也有解放军战士；他们有汇现金、寄粮票的，也有送衣服、送粮食的，还有自告奋勇愿到这个贫穷山村落户改变面貌的。

和煦的阳光照到了这个偏僻的小山村，温暖着几近麻木的山里人。他们感到无比的温暖和欣慰，同时也有了摆脱穷困的期盼与渴望。

党中央机关报敢于向全世界披露农村“短板”的实事求是的态度，点燃了这场声势浩大的中国反贫困事业之火。据当时有关统计数据表明：全国农村温饱不济的贫困人口达2亿之多。就宁德地区作为全国18个集中连片贫困区而言，9个县（市）有6个被列为贫困县。全区财政入不敷出，年年靠上级财政拨款过日子。1984年底，全区农民人均纯收入只有330元，其中人均纯收入在200元以下的贫困户达16.63万户，占总户数的31.61%。贫困人口达79万，占农村总人口的35%以上。

贫穷的呼唤，很快得到了党中央的回应。

1984年9月29日，中共中央、国务院发出《关于帮助贫困地区尽快改变面貌的通知》（中发〔1984〕19号）。

№ 000142

中共中央文件

中发〔1984〕19号

〔秘密〕

中共中央、国务院关于帮助贫困地区尽快改变面貌的通知

（一九八四年九月二十九日）

党的十一届三中全会以来，全国农村形势越来越好
由于自然条件、工作基础和政策落实情况的差异，农村
济还存在发展不平衡的状况，特别是还有几千万人口的
区仍未摆脱贫困，群众的温饱问题尚未完全解决。其中
大部分是山区，有的还是少数民族聚居地区和革命老根
地，有的是边远地区。解决好这些地区的问题，有重要
经济意义和政治意义。各级党委和政府必须高度重视，

《中共中央、国务院关于帮助贫困地区尽快改变面貌的通知》（1984年9月29日）

党中央文件一开头就明确提出：党的十一届三中全会以来，全国农村形势越来越好。但由于自然条件、工作基础和政策落实情况的差异，农村经济还存在发展不平衡的状况，特别是还有几千万人口的地区仍未摆脱贫困，群众的温饱问题尚未完全解决。其中绝大部分是山区，有的还是少数民族聚居地区和革命老根据地，有的是边远地区。解决好这些地区的问题，有重要的经济意义和政治意义。各级党委和政府必须高度重视，采取十分积极的态度和切实可行的措施，帮助这些地方人民首先摆脱贫困，进而改变生产条件，提高生产能力，发展商品生产，赶上全国经济发展的步伐。

一石激起千层浪。

党中央、国务院的号召得到各级党委、政府及各有关部门的积极响应，一场波澜壮阔、旷日持久的扶贫活动，有计划、有组织地在全国如火如荼地开展着……

第二章

『输血』扶贫困

1. 众人拾柴

千里之行，始于足下。不积跬步，何以至千里？

32年前，福鼎县的扶贫工作就是从这个小如麻雀的下山溪自然村开始的。

1984年6月，当福建省委办公厅的传真件到达福鼎县委办公室时，刚从周宁县委书记任上履新福鼎县委书记的周义务十分重视，他即刻主持召开县委办公会议，学习省委领导批示精神，联系来信内容开展讨论，商定扶贫方案，并要求我充当向导带大家到实地察看状况。

6月10日这天，入夏的骄阳灼得人们汗流浃背。县委书

福鼎县组织扶贫工作队进山

记周义务率领的农业、粮食、林业、供销、畜牧、民政、老区等部门的负责人，随带着救济金、大米、鱼、肉、衣服、棉被等物资，沿着崎岖的山路艰难地向下山溪村跋涉。大家汗滴如雨、气喘吁吁地到村后，顾不上坐一会儿就挨家挨户访贫问苦，根据每户人口多少，分别送去米、鱼、肉和衣被。有几位上了年纪的老大爷，自出娘胎就没有吃过白米饭和鲜猪肉，当即激动得老泪纵横："白米饭，是媳妇们生孩子时才能尝上几天，我们男人哪有缘沾嘴啊！今天吃上啦，吃上啦！死也值得啦！"

白米饭，对城镇人来说，是三餐吃腻的主粮，而在这穷山村里却是奢侈品。吃上一顿白米饭，死而无憾，可见这里的贫困程度多么的令人触目惊心！

别说是30多年前，就是当下尚有如此状况。请看2015年6月23日中央电视台播送的一则新闻：国家统计局数据显示，当中国跃居世界第二大经济体，东部发达省份"富可敌国"的同时，国内每天收入约1美元的贫困人口超过7000万。……全国从1978年到2014年，累计减贫逾7亿人。贫困程度依然较深。全国还有20万人用不上电，数千万农村家庭喝不上"干净水"。贫困人口中因病致贫返贫的比重超过40%。四川省大凉山区农民10天才能吃上一次大米，一年才能吃上3次肉。

当1984年6月24日《人民日报》发表《关怀贫困地区》的评论员文章后，首先鞭策着福鼎县再次进山扶贫。县政府组织有关部门在分管农业的副县长林立慈带领下，第二次进村"输血"：

民政部门给家家户户送了一笔救济生活费；

粮食部门再给每户一袋大米；

畜牧部门免费送去了60多只山羊崽和50多只长毛兔种；

林业部门免费送去了3000多株杉树苗、2000多株水果苗；

农业和医药部门免费送去了药材种子及种植方法；

……

期盼“众人拾柴火焰高”。

然而，事与愿违。

由于这里山地过于贫瘠，加上那年干旱少雨，种下的杉树苗不到一年枯死一大半，存活下来的长不高，成不了材；一大批桃、李果树挤在“眉毛丘”“斗笠丘”的农地上，虽能长出几粒果，但还没到收成，却让野猴子抢先偷摘了。

山羊崽分散到各户饲养，由于山里茅草过于粗硬，啃吃后羊嘴巴普遍冒血泡，接着化脓溃烂，这60多只山羊崽没能长大；许多长毛兔也由于缺乏饲养技术，不是患病死亡，就是被野狗叼个精光。李先如至今耿耿于怀的是：他家养的羊崽和兔子夜里被野狗叼走两次，有一次啃吃得仅剩一堆残骸。

种下一批适应性极强的根茎药材，原本有望收获到手，结果却被无情的野猪挖咬得惨不忍睹。

2. 实施特殊政策

当人们眼巴巴看着“众人拾柴之火”难以烧掉穷魔之时，得益于《中共中央、国务院关于帮助贫困地区尽快改变面貌的通知》的再次推动，福鼎县党政领导再次率领扶贫、粮食、教育、计生等有关部门负责人进山“把脉”。

鉴于下山溪没有水田难产谷子，少量农地种番薯不能自给的实际，县长当场拍板表态，实施特殊政策：从当年夏季开始一律免交征购粮，免售加价粮，一定5年不变。第二年，赤溪行政村也享受到这一政策。

俗语道：“一公粮（向国家纳税）二功夫（打工的工钱），饿着肚子也要付。”这是百姓公认的天理。在20世纪80年代，福鼎县委、县政府领导敢于有违这一“天理”，第一个“吃螃蟹”，确是难能可贵。

有了这条特殊政策，村民们不用再拼死拼活地砍柴伐竹，卖钱买谷子向国家交公粮了；不用再以野菜充饥省下口粮向粮食部门交统购粮了。

鉴于全村人口逐年减少，单身汉不断增加，唯有五六个妇女具有生育能力的情况，县计生部门在当时十分严格的节育政策中网开一面：对有生育能力的男女青壮年，不厉行结扎绝育手术。同时与妇联部门开展“献爱心”活动，积极牵线搭桥，介绍山外姑娘嫁到村里来。

针对这里民办校缺教师停办多年的状况，从邻村小溪聘请一位回乡知青，由县教育局负责培训，然后安排在村里担任民办教师，让8个适龄的孩子能够接受教育。

为了解决村里缺医少药问题，还报送这位民办教师到县卫生部门培训，兼当“赤脚医生”，治疗一般的常见病。所有医药均由医疗单位赠送。

如此特殊政策、特殊扶持，犹如失血的人体补充了新鲜的血液，活跃起来了。

麻木的神经开始跳动起来了！

面黄肌瘦的村民脸上泛起红晕了！

双目无神的人们眼睛开始发亮了！

福鼎县领导和部门负责人讨论在下山溪村实施特殊政策

3. 涛声依旧

作为改变下山溪村贫困面貌的第一个呼吁者，我无时无刻不惦念着那里的发展情况。

1989年8月27日，宁德地委书记习近平同志找我到宁德谈话，要我出任停刊20年之久，急需复刊的《闽东报》（后升格为《闽东日报》）总编辑。我担心自己学历低，且没有办报经验，难以胜任，多次婉言谢绝。而习近平书记却对我说："没有经验可以边实践边提高，你当年敢于反映下山溪贫穷落后的情况，说明你有责任担当，凭着这一点，相信你能把报社的工作做好。"——就是这句话激励了我大半生，在《闽东日报》总编辑岗位上履职19个年头直至退休。正由于调到闽东日报社工作的契机，使我接近和联系地区领导及有关部门有了更多便利。

岁月倥偬，如白驹过隙。转眼10年过去，下山溪的乡亲们怎么样了？

1994年8月29日清早，我邀请宁德地区民政局局长缪耕山同行，从宁德出发到福鼎县城，再约当地党政和部门领导一起再访下山溪。

秋天的太阳俗称"秋老虎"，把我们一行人灼得大汗淋漓，行进在蜿蜒的羊肠小道上，仍然是扎手的荆棘，刈脸的芒芊，叫人举步维艰，15华里路程，行走了两个多小时。

展现在我们眼前的下山溪，仍然是那样的古老与苍凉，那么的贫瘠与穷困。好在几个迎接客人的村民脸上绽出一丝微笑，才给我们一丝慰藉，但始终看不到他们开心的迹象。

20世纪90年代，下山溪村的老房子依旧破旧不堪

“老李，你好！现在生活过得好些了吗？”

我问起第一次进村采访的第一个人，即村民小组长李先如，只见他脸色还是那么蜡黄，且衰老了许多。他既激动又无奈地回答：“王科长（这是对我10年前的老称呼），好不了多少呀！”

从他的言谈和穿着，再看看周围的男女老少，确实是穷味犹存。

我们一行像10年前那样挨户看粮仓，开菜橱，揭锅盖。事实证明，白米饭还是与村民们无缘，唯有番薯米当主粮，腌咸笋为主菜。顶好一户人家的菜橱里，也只是几条比食指宽些的咸带鱼干。我们再来到岩壁下的3户人家，看到两个小姑娘闲坐着。

“小朋友，你们有读书吗？”

听到我的问声，她俩抬起惊喜的目光，一个答：“我12岁了，家里没钱让我读书。”一个说：“我9岁了，爸妈外出打工寄些钱回来，村里又没学校上课呀！”

原来，前几年从邻村聘请的一位民办教师兼“赤脚医生”，由于报酬太低，收入过少，连对象都难以谈上，最终辞职跑到山外打工去了。

“全年人均收入才120元呵，谁家姑娘肯嫁村里来？”李先如的诉说，印证了“输血式”扶贫只能给村民们一时的兴奋与快乐，犹如干灼的沙漠在等待着一场雨水，虽能感受到一阵凉爽，但很快蒸发得无影无踪。

“自身骨头不长肉”，则根本改变不了一穷二白之面貌。

正因如此，连任10多年福鼎市扶贫办主任的滕建军深有体会地说：“扶贫是天大的好事，更是天大的难事。”

下山溪村的茅草屋

第三章

『换血』创穷根

1.“换血”先换思想

习近平同志在1988年6月履新宁德地委书记后，他从7月初至8月初，花了一个月时间，深入全区9个县调查研究，还到毗邻的苍南、温州等地考察。他一路上与随同的领导一起思考，始终集中在一个问题上：“在‘海阔凭鱼跃，天高任鸟飞’的发展商品生产经济的态势下，闽东这只‘弱鸟’可否先飞，如何先飞？”

调研结束，胸有成竹。习近平同志在大会小会上，反复强调：“闽东，交通闭塞，信息短缺，是小农经济的一统天下。商品经济的发展较其他贫困地区，显得更为步履艰难。人们说起闽东，便是五个字：‘老、少、边、岛、贫。’处于这么一种弱鸟的境地，有没有‘先飞’这个话题的一席之地呢？我看，不但有一席之地，还有大讲一下的必要。地方贫困，观念不能‘贫困’。‘安贫乐道’，‘穷

《摆脱贫困》书影

自在’，‘等、靠、要’，怨天尤人，等等，这些观念全应在扫荡之列。弱鸟可望先飞，至贫可能先富，但能否实现‘先飞’、‘先富’，首先要看我们头脑里有无这种意识。所以我认为，当务之急，是我们的党员、我们的干部、我们的群众都要来一个思想解放，观念更新，四面八方去讲一讲‘弱鸟可望先飞，至贫可能先富’的辩证法。”[1]

一个小小的自然村，十年扶贫没变样。

究其根因在哪里？

“一方水土难养一方人”，何况下山溪村既没水又缺土，怎么能养人？——这是我们充分调查研讨得出的结论：“‘输血’无效，整村搬迁，异地‘造血’。”

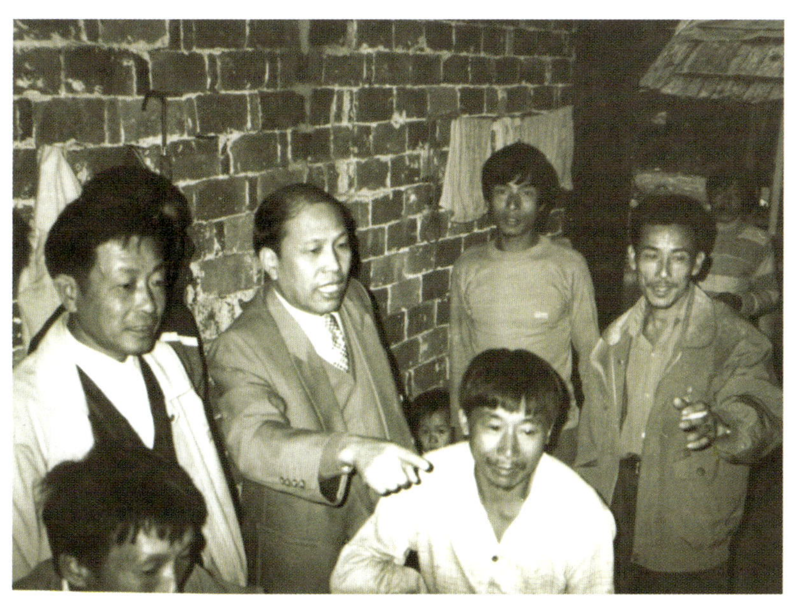

到村民家中做思想工作动员搬迁

1　习近平：《弱鸟如何先飞》，见《摆脱贫困》，第1-2页，福建人民出版社1992年版。

恰逢福鼎县摘掉贫困帽后，新一届领导班子不因此而自满，而是提出“致富尚未共同，扶贫仍需努力”。他们选择下山溪村这个穷典型，同镇、村领导想到一处：实施举村搬迁计划。

当搬迁的消息传到村民中间，好比油锅里滴入了一滴水——立刻沸腾起来，议论声一浪高过一浪：

“全村搬迁？怎么有可能呢！”

“到一个陌生的地方去，我们老的幼的都难适应呀！”

“下山干啥呀？天不是我们的天，地不是我们的地，死后都没地方埋呵！”

“祖宗三百年前就定居这里，我们过惯了山里生活，哪里都不想去！”

“命里有富自然富，命里属穷就得受。”

……

行船最怕逆风，开车担心石阻。还没搬迁就遇到反搬迁，这工作该怎么做？县、镇、村三级领导合计商定：“‘换血’先得换思想，要把老传统、老理念、宿命论彻底扭转过来，才能顺利开展搬迁工作。”

于是，干部们分头挨家挨户做思想工作。他们首攻对象是村民小组长李先如。

“我原本也不想搬，几百年几十年都这样过来了，苦就苦些吧！后来，村党支部书记到家找我谈心，戳到了我内心最疼处：我千辛万苦娶个老婆，好不容易盼个儿子刚出世，她就撒手而去了。要是能在交通方便的地方，不是窝在这山旮旯，她的生命也不会那样早消失……如果不

福鼎县扶贫工作队同地区民政局领导在讨论整村搬迁问题

响应政府号召搬迁，别说是大家生活过不好，还会有第二个、第三个女人像我的老婆一样悲惨！”李先如一番痛彻心扉的真心话，打动了许多村民。

“山里人在山里混，山中鸟吃山中虫”。砍柴伐竹度光阴，讨个老婆建家庭，生儿育女盼长大，长大以后养双亲。如此年复一年、代衍一代的贫困链，没有解开，村民们的思想就难以得到解放。

无数事实证明，贫困地带经济社会变迁的艰巨性，不仅来自外在的阻力与困难，更多的在于生活在其中的人们，有着自身的精神束缚和心理上的障碍。就以这个小村为例，他们一年到头真正花在开创性生产上的精力几乎为零：要么砍天然的杂木、毛竹，扛到山外出卖换油盐、买布料；要么养头把猪出卖后用于人情上的红白喜事。不少时间耗在游手好闲，或拎着火笼子过冬，或打牌猜拳消遣日子，或躺在门外晒太阳等着政府发救济物资，个别人甚至把救济的衣被用来换酒喝。毋庸置疑，这本身就是一种比贫困更令人伤神的悲哀。如果任其发展下去，则无法指望他们再寻找新的机会和开拓空间，也谈不上改变传统的生产和生活方式。

因此，换个地方“造血”，首先必须先改变他们的老观念，即“换血”必先换思想，扶贫必先扶志气。如果不以解放思想为先导，不激发他们来自内心的冲动与变革欲望，则任何的理想和愿望都难以付诸实施。不消除人们的精神贫困，就难以从根本上摆脱贫困落后的束缚。

下山溪村民中思想最顽固的雷成皆，宁愿一人留山里，决不随着家人迁。经过村委会主任黄国来4次登门苦口婆心劝说，精诚所至，金石为开，最终做通老雷的思想工作：跟着家人一起搬迁了。

2. “弱鸟离窝”

俗话道：“上屋搬下屋，需花五箩谷。”一个22户、88人分散在六七个地方的自然村，要集中搬迁到8公里外的行政村所在地重建家园，这可不是件容易的事，更不是儿戏。

宅基地征用怎么办？

基建新房的资金哪里来？

各户的搬迁如何补助？

搬迁到新居的生产用地在哪里？

村民思想有抵触怎么办？

……

一场由地区、县、镇、村、自然村五级干部参加的联席办公现场会适时举行。宁德地委书记陈增光、行署专员汤金华十分重视下山溪自然村这只“小麻雀”。陈增光在霞浦县三沙镇看到有个受灾搬迁户的门上贴着一副对联，上联是“造出一番新天地”，下联是“福到农家感党恩”。于是，他把这副对联嵌头的“造福”两字撷取来，创造性地命名搬迁工程为“造福工程”。

地区主要领导的关怀，推动了“造福工程”付诸实

下山溪自然村首批“造福工程”受益户落户长安新街

施，后来还推广到全地区、全省，获得了瞩目成就。仅宁德地区（宁德市）20多年来就有3000多个边远自然村的7.7万户、35.6万人完成搬迁。

在这次现场办公会上，地区民政局局长表态，从全地区“造福工程”基金中给予支持。

福鼎县领导表态，从县财政挤出一部分资金予以补助，要求老区、民政、民委、扶贫办等部门也安排一部分资金予以扶持。

磻溪镇党委书记表态，发动镇干部、职工集资捐献。会上，各位领导纷纷掏出500元、300元、200元、100元不等的捐款。现场集资近万元。

村委会主任表态，挪出最理想的场地建新村，还划出一片40亩溪滩地，让搬迁户种粮食，同时帮助开辟生产门路，让他们早日安居乐业。后来，为了让山下的村民有偿让出建房及生产用地，镇、村干部曾连续6个昼夜做思想动员工作。

下山溪村民小组长李先如看到各级党政领导的关怀，热泪盈眶地表示说："凡能自力更生做到的，我们就要尽量减轻国家负担，要出大力流大汗，尽快建成自己的新家园。"

会后，磻溪镇为此专门成立下山溪村的"造福工程"领导小组，党委书记许文贵亲自抓，副镇长赖思宋具体抓。

这时恰逢国务院制定并开始实施《国家八七扶贫攻坚计划》，国家在全国范围内开展了有组织、有计划、大规模的扶贫工作，实现了从救济式扶贫向开发式扶贫的转变。

下山溪"造福工程"落成时，宁德地区领导为其揭碑

上下心齐，泰山可移。不到半年时间的艰辛拼搏，两幢22榴的砖木结构的新房齐刷刷拔地而起。

1995年早春，春寒料峭，冷风飕飕，一支有男有女、有老有少的搬家队伍，正从下山溪开拔，步履艰难地向山下挪动：他们有肩扛的，有手提的，有头顶的，有背挎的，一切能拎走的生产和生活用具，一件都没搁下。……

这是贫困村民思想大解放的一次行动！

这是贫困村民与旧传统旧观念大决裂的可喜行为！

这是贫困村民下狠心刨掉穷根的有益尝试！

这22户88口人，以蚂蚁弃窝再垒窝的毅力，终于在赤溪行政村的平原地带安上了家。

1995年5月4日上午，春雨绵绵，爆竹声声。赤溪村

宁德地委书记陈增光和行署专员汤金华到李先如新家看望

鼓乐喧天，人头攒动，汉、畲两族村民披红戴绿，隆重庆祝下山溪村乔迁新地。省政协副主席、宁德地委书记陈增光，行署专员汤金华，地区人大工委主任钟雷兴及地直有关部门领导，福鼎县党政领导及县直有关部门负责人，同数以百计的村民们共贺这一“造福工程”落成。

在下山溪村乔迁新址座谈会上，陈增光、汤金华一致认为，“造福工程”是10年扶贫经验的产物，是“换血”刨穷根的尝试之举，亦是广大人民群众的实践创造。它既是扶贫攻坚的一种有效形式，又是创建小康村的良好途径。

陈增光在出席座谈会后，走家串户看到村民们的喜悦面貌，不禁心潮澎湃，激情满怀，赋诗两首：

（一）

昔日特困下山溪，
山高路险鸟迹稀；
早出挑柴换油盐，
晚归家门日落西；
流尽汗水难饱腹，
依靠救济富不起；
男儿满腔空怀志，
女儿出嫁忘故里；
贫穷村史三百载，
借问苍天何道理！

（二）

今日搬迁长安村，
新房成排满庭芳；

一溪清水环门过，
千亩竹林郁葱茏；
人人向往此福地，
乔迁新居家业昌；
鞭炮声声颂造福，
红联高挂感党恩；
百年长梦今有果，
安居乐业奔小康。

行署专员汤金华当场挥毫题写：“下山溪上台阶，小康村大文章。”

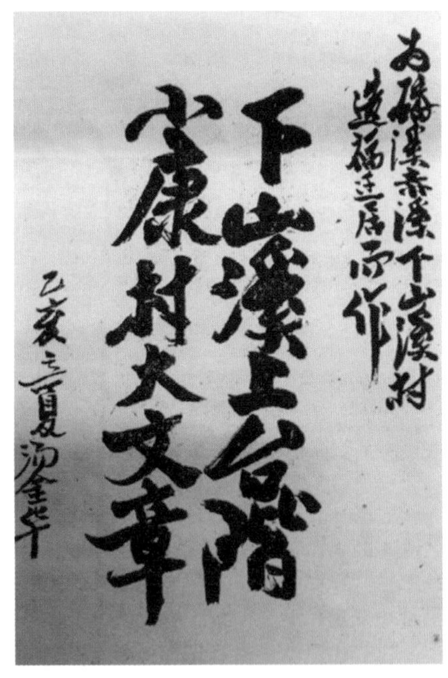

汤金华为下山溪村乔迁新址题词

3. 融入新天地

外面的世界很精彩，赤溪的山水能发财。

习近平同志担任宁德地委书记期间，十分关注这个曾经闻名全国的特困村，他重视闽东的山林保护和水力资源综合开发，还主张“要有钱，先办电”。在他的推动下，赤溪村上游的桑园水电站于1989年进入前期准备，福鼎县人大常委会副主任张乃生挂帅总指挥，全力以赴实施。第三年获上级批准立项动工。投资规模1.3亿元、装机容量3.75万千瓦。为了施工需要，兴修了一条通往磻溪镇的砂石公路。赤溪从此打开了山门，来往人们再也不要徒步攀登那近万级石阶、长达12华里的蛤蟆岭了。电站落成供电，赤溪人祖祖辈辈以竹片、松香、煤油照明的历史也一去不复返了。

路通电通信息通，勤劳致富天地宽。

诀别艰难困苦的山旮旯，迁到前程似锦的新天地。

下山溪人万事大吉了吗？

弱鸟可以起飞了吗？

非也！

村民们还有许许多多琐事有待协调和解决。诸如，他们的风俗习惯、举止行为与主村人格格不入；“造福工程”由于赶时间，规划不周，建筑质量等方面也欠缺严格把关，22户家里均无化粪池，逼得老少到村外“打游击”；不少老人担心去世后无处埋葬，怨言不断；孩子们入学的费用成了新的负担……

面对这些说小不小的“芝麻”事，镇、村干部不厌其

搬迁后畲族村民在自家门口拣茶

烦地开展工作，而我本人也摊上了。

搬迁新村不到一个月，由于家家户户还没有通上电，我同村干部一起多次找到地区水电部门，请求他们无偿支持，安装上电灯，使22户人家第一次有了现代化照明。

1995年初冬，寒气袭人。下山溪村民小组长李先如特邀曾在该村当过民办教师的沈朝连，从村里辗转乘车220多公里赶到宁德。待他们摸上我的家门时，已是深夜11:30了。当时我刚处理完夜班事务回家入睡。忽听有敲门声，我连忙披衣开门，他俩满心歉疚地说："路上堵车，太迟太迟！打扰您了！"

我说："你们总是有急事，随时找我没问题。我以为搬迁后没啥事了，所以忙于应付报社事务，却较少关心村里，歉疚的应该是我呀！"

我赶忙叫醒爱人，让她给客人做夜宵。当我得知他俩赶来的目的是为了解决窗户玻璃之事，我便安慰道："村里有难处，我看能不能通过其他渠道凑笔钱。"

他俩当晚带来村里的土特产——一大捆笋干。我再三谢绝退不回，翌日清晨就叫我爱人赶到街上买回22条崭新的被套，让他们带回村里分给各户，一家也不少。

他们回村后，我便四次奔波，得到地区民政局局长缪耕山的大力支持，争取到一笔资金，不到20天时间，为所有搬迁户安上了玻璃门窗，让大家欢欢喜喜过个新年。

当村民们的笑容收敛之后尚流露出忧愁之时，我得知他们的孩子读书费用有困难（那时还没实行义务教育）。恰好我采写的通讯《50万元贷款落户记》在第六届中国新闻奖评选中获三等奖，得到了6000元奖金。我于1996年11月13日专程赶到赤溪村小学，用这笔奖金为搬迁户的18个适龄儿童缴交了一年级至六年级的全部学费。

扶贫既要扶志，更要扶智。孩子们的先辈久居深山，没有文化，缺少智慧，这是衍生代代贫困链的一个重要原因，也是难刨穷根的思想障碍。后来实践证明，这些孩子有了初中、高中或中专、大专文化知识，融入社会快了，接受新生事物容易了，创业的脑子也灵活了。

海阔凭鱼跃，天高任鸟飞。下山溪的村民们融入赤溪新天地后，开始萌生了尽快摆脱贫困、积极寻找致富路的愿望。有的人跟着外出务工赚现钱，有的人经营起小本生意，有的人逼着自己学创业……

换天改地之后，随着社会的变迁和需要，村民们总是从自己的实际出发，不断选择有效的脱贫行为来达到自己脱贫的目的。但是，不管采取什么途径、什么形式，是追求增强市场交换强度、优化区域经济结构，还是致力于促进经济收入、提高生活水平，扶贫都始终离不开人的发展这一主题。只有动员贫困者积极参与反贫困事业，才能把外部所提供的条件和机遇转化为社会发展的内在动力。

4.崛起的长安新街

赤溪行政村所在地原来是没有街道的，只散居着90余户、400多人。随着下山溪自然村22户88人加入，有规划地沿着15米宽的道路两侧整齐而对称地建设，逐渐形成了一条街。

下山溪自然村永远不存在了，新址叫啥好呢？

长安新街的楼房拔地而起

有几位村民私下议论：我们下山是为了刨掉穷根，在这里长住久安，能不能叫“长安街”，让山里人也时兴一回？

他们的想法恰合领导们的心思，当场拍板命名“长安新街”。

随着党和政府的扶贫力度不断加强，长安新街的长度也与日俱增。村民们期盼“挪贫窝”“拔穷根”的愿望愈加强烈。半山、小溪、丘宅、东坪里4个纯畲族自然村和排头、溪东、旗杆里、赤溪坪等畲汉混居的自然村分三期陆陆续续搬迁出山、下山或移居。原来在赤溪散居的坑里弄、赤溪店、旗杆兜等小地方居住的汉族村民也纷纷聚居在长安新街两侧，甚至连杜家行政村南柄畲族自然村的“弱鸟”也“飞”来了。

焕然一新的长安新街

镇、村领导有规划地将新街铺上水泥路面，显得平坦又硬实。两侧多为三层小楼，统一规格，一楼是店面，二三层为住家，每单元均为3.8米幅宽、12—15米进深，彼此相接，不留间隔。畲汉两族，融洽相处，人气越来越旺。滴水成河，积沙见塔。长安新街延长到800多米，它犹如一块强力的磁石，吸引着零零星星村落的人们到这里汇聚。常住人口由原来散居的93户、400多人剧增到现在的356户、1580多人，占全村总人口的86%以上。

有媒体记者到此采访发问：“长安新街有何魅力这样聚集人气？”

当地干部群众异口同声回答：“这都是依靠党的扶贫政策好！”

长安新街上的小超市一瞥

这并非溢美之词，而是发自老百姓的肺腑之声。自从1994年以“换血”形式实施“造福工程”以来，各级政府、有关部门和社会贤达在交通、水电等基础设施和教育、卫生、医疗以及生态、流域、环保等方面，累计投入逾3亿元，打造培育“中心村”。

最受当地群众青睐的则是焕然一新的赤溪小学。1996年，香港沈炳麟先生捐助16万元兴建“恩美楼”，彻底改造了原来破败不堪的旧校舍。2010年，通过省民族与宗教事务厅挂职干部牵线搭桥，内蒙古凯业实业有限公司董事长王孝茂捐助150万元，扩建了560平方米现代化教学楼，硬化了操场，铺设了塑胶跑道，还增添了各种体育设施。福建省诚信促进会会长潘心城一行专程赠送15台电脑，使

赤溪小学的教学楼

学校有了电脑室、多媒体讲堂。福鼎市委宣传部、团市委等部门帮助建立了校园图书馆、阅览室、美术室、科学实验室，功能齐全。如今在农村校普遍萎缩的状况下，而赤溪小学却是方兴未艾，欣欣向荣。全校拥有一年级到六年级学生100多人（其中畲族学生近一半），教师10多人。教学质量不断提高。2012年被宁德市教育局评为“农村义务教育标准化学校”。杜承砚校长不无自豪地说：“我们是全镇唯一一所获此殊荣的农村校！”

我同多位畲族村民闲聊时，他们都掩饰不住内心的喜悦：“我们所以搬迁到这里，就是冲着这所学校来的。老一辈穷透了，我们这一辈穷怕了，决不可让下一代再穷下去了！”

赤溪村下一代茁壮成长

第四章 『造血』寻富路

1. 找准“造血”功能

“换血”刨穷根，搬迁育富苗。

怎样验证这一理念？长期分管农村和旅游工作的福鼎市委副书记连建群、副市长陈辉对此感受很深：条件太差的地方，必须实行整村搬迁，实现人口聚集，促进民族融合，互相借鉴经验，是扶贫方式从“输血”到“换血”的重大转变，也是赤溪村成功“造血”，摆脱贫困的根本所在。

九鲤溪犹如玉带环绕山峦

游客乘竹筏冲浪的开心时刻

“‘输血’‘换血’皆是前提的措施，而‘造血’才是追求的目的。怎样‘造血’？关键是寻找功能。”福鼎市扶贫办主任滕建军如是说。

1988年8月，习近平同志在福鼎调研时，曾留下这样一段话：“抓山也能致富，把山管住，坚持十年、十五年、二十年，我们的山上就是‘银行’了”。这一经典预言，20多年后验证了！伴随着赤溪村人的居住条件和交通条件的大大改善，联结外界的信息与商机渐渐增多。这里的好山好水开始显露出无限的商机。

“绿水青山就是金山银山！”开启这座“银行”的时机到来了！

出生于赤溪坪自然村的乡贤吴敬禧，早年曾在赤溪行政村担任过文书、会计，后来考干录取，调到霞浦县政府办工作，并负责该县杨家溪景区的旅游开发。而杨家溪

风光旖旎的九鲤溪

则在赤溪九鲤溪下游，能否实施联体互动？有心惦念家乡经济发展的吴敬禧，通过一位好友认识了万博华旅游公司董事长庄庆彬。他邀请庄庆彬到赤溪、湖里等山山水水考察。这位头脑精明、敢于打拼的闽南籍人士，一看到赤溪的秀丽山水就着了迷似的，毅然下决心把“第一桶金”投到赤溪村的产业“造血”。

宁德市人大常委会副主任缪希玲早就认识了曾在闽东医院工作多年，后来“下海”回闽南祖籍靠房地产开发起家的庄庆彬。看到他这么有决心，便特意向福鼎市委、市政府推荐。热切盼望乡村旅游开发的磻溪镇党委、政府及赤溪村“两委”，像迎亲人似的把庄庆彬接到村里来。吴敬禧又积极出面帮助万博华旅游公司租用土地，物色介绍当地可用的人才。于是，旅游公司便着手开发了。

俗话说，万事开头难。由于少数群众思想保守，观念陈旧，有的人只盯着眼前小利，在征地上借机漫天要价……逼得庄庆彬放弃赤溪而转移到邻村乌杯开发户外拓展。后来，几经多方艰辛的磨合，并做了大量的工作，村民们终于幡然觉悟：赤溪要脱贫，必须要“造血”。“造血”的功能就是靠“生态立村，旅游富民”。

2006年国庆节，秋高气爽，丹桂飘香，万博华旅游公司在赤溪村的第一个开发项目——九鲤溪竹筏漂流开业了。

“在家门口就能挣到钱啦！”村民们兴高采烈。许多年轻力壮的小伙子当起了撑筏工。在青山绿水间往返劳作，虽用力气，却很惬意。只要有游客，他们就能赚现钱。撑一趟竹筏，收入100元，旅游旺季时，一天能撑三四趟，成了让人羡慕的生财手艺。

万博华旅游公司七彩农场的九品香水莲

青壮年劳动力有事干了，体力较弱的中老年人怎么办？

万博华旅游公司投资数千万元，进行整体规划布局，清理河道、扩修山路、辟停车场、建休闲山庄……仅前期的基础设施建设工作就花了两年时间。后来，从武夷山景区请来专家到现场指点开发，不惜重金特邀毕业于北京体育大学的经理领队，在九鲤溪景区开辟户外拓展旅游项目；还在村内兴建蝴蝶生态园，引进台湾九品香水莲等配套项目。这些项目从基建到经营管理，让辅助劳动力派上用场了。据庄庆彬说，在旅游公司上班的员工月收入可达2000—3000元；为园区打零工的，日工资也可达到130元。

看到万博华旅游公司风生水起为村民们谋利益，作为乡贤的吴敬禧早已按捺不住，由他谋划、筹备组建“耕乐源”专业合作社，采取民间股份制形式集资，建设大白

竹筏游至“耕乐源”

茶坊客栈，有110个床位的木屋别墅，可容纳300人就餐的酒楼；同时，开发和正在开发的有拓展游、亲溪游、瀑布游、漂流游……

游客日益增多，全村服务业红红火火，蒸蒸日上。长安新街的店铺鳞次栉比，接二连三开起了小卖部、小食店、小客栈、小超市、农家乐、白茶店、特产坊、品茗室……

商铺鳞次栉比的长安新街

颇有经营理念的村民吴敬念，从2005年开始瞅准服务业，他操办一家“食为天小酒店”，夫妻俩凭着热情待客和一手烹调技艺，把当地的特产鱼类、笋干、野菜、家禽烹饪得十分可口，色香味俱全，深受顾客好评。尤其是那名贵光鱼，在没有任何污染的赤溪清泉中养殖成长，肉质细嫩且味道纯香，连鱼鳞亦可入口，富含高蛋白，此鱼或清蒸，或焖炖，或煮汤，皆是上乘食品，慕名前来的食客常常爆满。

亲看亲，邻看邻。左邻右舍的村民们看到吴敬念的生财之道，纷纷仿效，没多久时间，长安新街就冒出了餐饮店、农家乐16家，特产店32家，小超市13家。旅游旺季时，还出现不计其数的流动饮食摊，只要游客在哪里聚集，这种小摊就在那里服务，现煮现吃，立等可取。一年到头，着实让这些辛勤的村民鼓起了腰包。我曾问一位专摆矿泉水摊点的老年人，他乐得合不拢嘴说："我单卖矿泉水，春夏秋三个季，每月能净赚1600元。现在不穷了！不穷了！"

村民杜家立、杜春蓉夫妻，身强力壮，过去苦无致富门路，生活拮据。他们看到邻居们脱贫致富了，自己心里也痒痒的，可是没有起家本，正犯愁着。村支部书记把这事告诉了镇领导，镇党委书记郑晋生热心联系市妇联，从

杜春蓉夫妇经营的农家乐

妇女创业专项低息贷款中，帮助贷到8万元，还亲自签字为其作了担保，使这对夫妻如鱼得水——活了起来。他们把自家住房加盖到第四层，楼上设有8个房间15个床位，设施齐全，整洁干净，楼下开办特色餐饮，凭客需求，成为村里第一个既办住宿又开餐饮的农家乐。杜春蓉热情好客，笑容可掬，赢得许多回头客和固定客，年收入达到15万元。国家旅游局局长李金早在赤溪村考察时，慕名登门祝贺这对夫妻，并希望他们拓展连锁店……

国家旅游局局长李金早莅赤溪村调研

旅游，这条主动脉活跃与扩张了，血液就会充盈着各条毛细血管。

有人说："没有交通就没有旅游。"此话乍听，有失偏颇，然而却很有道理。山，还是那些山；水，还是那些水。为什么过去成不了“银行”长钞票？原因就是“藏在深闺无人识”。就是有人识了，也由于崎岖山路令人望而生畏。

找准了“造血”功能，福鼎市、磻溪镇和有关部门锲而不舍，“咬定青山不放松”，下大力气对接国家级风景名胜区太姥山，充分发挥其地缘优势。时任磻溪镇党委书记杨祖良和交通部门领导，就是在赤溪村的全面规划和修路上，花了力气，下了狠心。继2008年开辟太姥山至赤溪的蒋太旅游公路，方便了到太姥山旅游的客人直接去赤溪，2011年，又创新以“公建+民助”的方式，完成了白琳镇至赤溪的区间旅游公路拓宽和路面硬化改造，使福建著名的白琳古民居与赤溪山水紧相连。2013年，宁德市委、市政府举福鼎、霞浦两地之力，投入巨资开通杨家溪景区至赤溪的旅游专线公路，真正洞开山门，彻底解决了赤溪的交通瓶颈难题。

杨赤公路穿山越岭畅通赤溪

2. 摸准“造血”脉络

由于千百年来小农经济的影响，相当部分村民手头稍微宽裕，就产生了自满情绪：有的大手大脚、铺张浪费；有的求神拜佛、建宫修庙；有的聚众赌博、酗酒闹事；有的甚至挑起姓氏、宗族之间的矛盾……几年间，赤溪一度“乱纷纷”，眼看找准的“造血”功能将毁于一旦。

究其根源在哪里？

镇党委书记杨祖良和镇长丁一芸十分关注赤溪的状况，他们慎重讨论后，委派副镇长吴敬亮驻村工作。吴敬亮担任过自己家乡吴洋村党支部书记，一身正气，敢抓敢管，不怕得罪人。他蹲点摸清群众“乱纷纷”表象的深层问题在干部——在班子——在党支部。

习近平同志在《摆脱贫困》一书中明确指出：“党对农村的坚强领导，是使贫困的乡村走向富裕道路的最重要的保证。如何在农村实现党的领导，这是农村党组织的历史使命。如果没有一个坚强的、过得硬的农村党支部，党的正确路线、方针政策就不能在农村得到具体的落实，就不能把农村党员团结在自己周围，从而就谈不上带领群众壮大农村经济，发展农业生产力，向贫困和落后作战。”[1]

1　习近平：《加强脱贫第一线的核心力量》，见《摆脱贫困》，第159页。

“牵牛要牵牛鼻子”。吴敬亮摸准妨碍“造血”的脉络，大刀阔斧地整顿班子，通过发动广大党员民主选举，选举年富力强的经济能人杜家住担任党支部书记，同时调整充实了村“两委”班子，狠狠刹住了聚众赌博之风。

村党支部书记和第一书记到村民家中走访

个头颇高的杜家住曾经做过修表匠，旅游业兴起后，他看准游客对当地特产的兴趣消费，承包了一片鱼塘，利用赤溪的天然水质优势，大力养殖当地名产光鱼，年收入达8万元以上，带动了村民发展养殖生产。杜家住走马上任后，他就把鱼塘交给老婆打理，自己一门心思带领村民脱贫致富。

村党支部首先在村干部中开展“赤溪优势在哪里？”“我们该怎样摆脱贫困？”“当村干部为什么？在任干什么？卸任留下什么？”等系列大讨论，并先后3次组织村干部、党员、村民代表80多人赴浙江、泉州等地参观学习，达成了“要钱要物不如要发展要项目”的共识。与此同时，针对村里大操大办、封建迷信等陋习有所抬头的现象，及时制定涉及村风民俗、婚姻家庭等方面的村规民约，组建“反赌联盟”和乡风文明督导队等群众组织，教育引导村民共同抵制陈规陋习；发挥群团组织作用，完善人民会堂、民族团结和谐主题公园、扶贫历史展示厅等文体设施建设，定期开展积极向上的群众文体活动，引导村民弘扬尊老爱幼、勤俭节约等新风尚。

杨振伟从闽南引进的蜜柚已在赤溪开花结果

核心的堡垒坚强起来了。旱冬过后，春雨来了。这时恰遇福建省委、省政府实行整村推进扶贫开发重点村措施，拟从省直部门下派干部到党建薄弱村挂职“第一书记”。赤溪村被确定为省级整村推进扶贫开发重点村，由省民族与宗教事务厅开展为期3年（2011年1月至2013年12月）的挂钩帮扶工作。该厅挂职干部杨振伟是位憨厚务实的中年汉子，漳州人氏。他担任村党支部第一书记第二天，就开始走村串户，广泛了解村的资源分布、产业发展、经济收入、人员构成、水利设施等状况。详细调查一个月后，他在村“两委”会上提出了“立足当地资源优势和区位优势，东承太姥，南接霞浦，生态立村，旅游兴村，农业强村”的发展思路，致力打造“中国扶贫第一村”和“生态旅游畲族风情特色村”的品牌，把赤溪建成具有浓郁畲族文化特色和民族风情，融民俗、观光、休闲、耕乐、探险于一体的人文生态旅游区。

马克思说过：“一步实际运动比一打纲领更重要。”杨振伟自己提出来的事，先要自己带头做，“打铁须得本身硬”。3年间，他废寝忘食、殚精竭虑，带着村干部不辞劳苦奔走四方，向上级政府、有关部门及社会各界争取到不少的扶贫资金，开展扶贫开发项目40多个，协同村干部一起完成了《村庄建设规划》和《少数民族特色村寨建设规划》、公路硬化、村内道路硬化、进村道路两旁绿化、自来水厂建设、中心村民房装修改造、村人民会场及旧村委会楼扩建装修改造和配套设施建设、排污管道改造、小学教学楼建设、30户“造福工程”搬迁、500米鹅卵石花台建设……

放学的小学生们高兴地走在长安新街上

当杨振伟完成挂职任务离岗时，一位年逾古稀的老大爷手里捧着一把泥土，含着热泪对他说道：“杨书记，您这三年好辛苦呵！我没有什么可送的东西，只想用这把泥土当作礼物请您收下，希望您常回来看看！”

站在道旁欢送的村“两委”成员和村民代表给杨振伟送上一面书写着“最美村官”的锦旗，还送上一本红彤彤的赤溪村“荣誉村民”证书和一束鲜花。

杨振伟获得了中共福鼎市委授予的“优秀党务工作者”“扶贫工作先进个人”等称号，并荣立宁德市个人二等功。

党建，是“造血”“活血”的最首要脉络！——福鼎市委书记陈其春、副书记连建群等市领导在多次深入赤溪村调研、指导扶贫工作得出了结论，尝到了甜头。杨振伟离岗回福州不久，市委研究决定，从市农业局派出熟悉农村工作的干部王纯华，接任村党支部第一书记职务。该同志曾在磻溪镇担任纪委书记多年，为人正直、作风朴实，对赤溪情况亦很熟悉。上岗以来，他全身心投入“造血”脱贫奔小康建设，在积极完善、续建前任第一书记倡导的工程、项目的同时，尤其注重抓住党建这一“牛鼻子”，经常在干部、党员中开展个别谈心等活动，潜移默化加强思想政治工作。在赤溪，上至七八十岁的老人，下到七八岁的孩童，他都能用当地的方言聊上话，逐渐成了村民们的贴心人。

“家里有啥事，找王书记去！”——这句话成了村民们的口头禅。

两任第一书记的辛勤工作楷模，为村“两委”一班人树立了学习榜样，激励着他们更加奋发有为。村党支部采取“村社联建”的形式，与2家农民专业合作社联合建立

村民养殖光鱼的鱼塘一隅

“产业型”党组织，充分发挥基层党组织在产业发展中的政治引领作用。以村基础设施投入为资本与旅游开发公司合作，不断发展壮大村集体经济。采取“党支部+合作社+基地+农户”的发展运作模式，引导村民将土地流转给专业合作社，参与经营分红，领取租金。

与此同时，村党支部还坚持开展“三培两带”活动，先后把5名党员培养成致富能手，把9名优秀的致富能手培养成党员，把6名党员致富能手培养成村干部，使党员种养大户成为“造血”脱贫的示范户。

党建搞得好不好，关系到脱贫致富快不快。——这已成了赤溪村不争的事实。

有感于此，本人在2015年“七一”前夕，向宁德市委组织部提出四点建议：第一，要把赤溪村党支部作为市委组织部的党建联系点，经常在点上总结新鲜经验，推而广之；第二，要创造机会让村支部书记多到省、市委党校，加强思想政治方面学习，提高理论水平和领导艺术；第三，要物色培养畲族党员骨干，充实到村“两委”领导班子，增强战斗堡垒力量；第四，要从大学毕业、回乡知识青年中培养入党积极分子，增添党支部的新鲜血液，使村主干后继有人。

高度重视党建工作的宁德市委常委、组织部部长林文芳，当即召集部里有关科室负责人，面对面听取我的建议，逐条吸纳实施，没几天就把联系点的牌子挂在了赤溪村部。

中共宁德市委组织部在赤溪村挂牌“基层党建联系点”

3. 选准“造血”苗子

能否斩断贫困链，消除隔代贫困现象？关键在于青年一代能否自我“造血”。

赤溪村十分重视年轻人，尊重和鼓励他们的创业精神。1990年出生的杜赢，是土生土长的赤溪人，他毕业于广西玉林师范学院，原本可以就地应聘教师，但他却放弃了在城里就业的机会，毅然偕同学、女朋友陈春平回到生于斯、长于斯的村里。他看到村民们几乎每家都种植茶叶，却没有一家像样的加工厂，只卖茶青，附加价值体现不了，头春茶青可以卖个好价钱，到了二三春，茶青价钱还不够采茶工夫钱，直接影响到茶农经济收入。于是，他承接了自己父亲办的一家小茶厂，决心把它做大做强，让白茶走向全国，走向世界。杜赢注册了自己

长安新街上的大学生创业示范企业

的公司，创建了“尚赤溪”品牌，通过互联网线上线下结合搞销售。“第一桶金”就赚到了10万元。

村党支部把杜赢作为“造血”的好苗子培养，杜家住一有空就到他的公司看看、问问，热忱帮助解决具体问题。恰逢国家对大学生创业实施好政策：杜赢每月可领取300元的生活补助，获得一次性开业补助3000元，享受免税3年，3年内每年可获得场地租金补助6000元。福鼎市人力资源和社会保障局两年给予杜赢创业基金12万元，贴息贷款10万元。杜赢为了扩大加工场地，还需中国农业银行低息贷款10万元，杜家住二话没说为他作了担保，还同村委会主任吴仪国及时商定挤出400平方米场地让杜赢如愿以偿扩办加工厂。

杜赢的梦想，在利好政策扶助下逐步实现了！他的公司也越来越有影响了。长安新街上，老远就能看到广告大招牌——“福建省赤溪茶业公司”9个金黄色大字，大字下面还显赫标着“大学生返乡创业示范企业”。

杜赢在与客商商谈生意

宁德市委书记廖小军、市长隋军有到

赤溪，必来这家示范企业了解情况，询问有何困难，鼓励杜赢甩开膀子大胆干。福建省委书记尤权莅赤溪村调研，第一站就踏进杜赢的茶业公司，倾听创业过程，询问政策落实情况。这不仅是对杜赢一人的重视，而是对全体大学生创业精神的肯定与鼓舞。如今，像杜赢一样依托政策支持回乡创业、就业的大中专毕业生已有30多人。他们带着泥土味去城市读书学知识、学本事，回来后则把知识的种子撒在希望的田野上，让村民们有了看得见、摸得着的实惠。他们勇于同旧传统决裂，敢于打破旧有的产业发展模式，探索新时代的“电商扶贫”，让村民们有了实实在在的获得感。

心花怒放的村民们在家门口拣茶叶

鼎煜农业专业合作社社员正在喜摘猕猴桃

赤溪村涌动着青年创业潮，让远在异乡打拼的年轻人羡慕与向往。

出生于1982年的畲族人钟品灼，自小对贫穷有着刻骨铭心的记忆：他是吃着番薯丝拌野菜长大的。10岁那年，爷爷得了一场大病，由于没钱送到县医院治疗，结果当年就去世了。每当说起这桩事，钟品灼总会热泪盈眶。强烈渴望摆脱贫穷困境的钟品灼，17岁就辍学外出务工。他依靠自己的勤奋与智慧，先学木工做装潢，后来在杭州开了一家装修公司。钟品灼富起来了，但他不是想着腰缠万贯、衣锦还乡的虚荣，而是谋求回村带动更多的乡亲一起致富。

钟品灼回到村里，把燃烧着致富希望的火种带到了赤溪。钟品灼拉着比他小1岁的退伍军人沈华平一起入伙。沈华平在上海经营2家纤体美容连锁店，手头积攒有一笔资金，每次回家看到村变、路变、人在变，萌生了回乡创业的心思。俩人一拍即合，各自出资近百万元，再找上几位小兄弟，合资达400多万元，成立了“鼎煜农业专业合作社”，同时建成理事会，由钟品灼担任理事长，沈华平出任总经理。

初生牛犊不怕虎。年轻人激发着一种闯劲与创劲。合作社承包了1500亩山地种植油茶（其中老油茶地400多亩）、黄栀子、猕猴桃等旅游观光作物，为拓展旅游业形成配套；还培植了西瓜、碧桃、水杉、油茶等10多种苗木，做到长期、中期、眼前的经济效益相兼顾。

合作社社员在播种育苗

钟品灼信心满满但又谦逊不夸地说：“现在合作社拥有120户226个社员，随着垦复的老油茶和猕猴桃开始收成，经济效益不会差了！”

钟品灼和沈华平还有一个梦想，他们计划把可值得观光的千亩基地委托给社员管理，实现效益与村民各占50%分成。同时对赤溪及周边的农副产品进行收购加工生产，融入赤溪的生态旅游发展。2015年盛夏，他们别出心裁地举办“西瓜采摘节”，寓食于乐中，让游客们体验采摘的乐趣，为乡村旅游增添了色彩。

如此能“造血”的苗子，怎能不得到镇、村领导的呵护与培植呢？！村党支部已经接受钟品灼的入党申请书。钟品灼胸有大志，决心成为一名合格党员，充分发挥先锋模范作用。

看到村“两委”对青年人创业的重视与关怀，原在太姥山镇的乡贤杜振东大学毕业后也踊跃回乡创业。他发动同学筹资同赤溪畲族村民共同创办“福鼎赤溪休闲农业合作社”，投资800万元，规划兴建生态养生园、儿童乐园、农业观光园、竹制旅游产品作坊、天然游泳池、观赏鱼繁殖馆等项目。

然而，青年人的创业热情值得肯定和赞许，但在科学技艺方面尚需帮上一把。镇、村委托赤溪小学兼办“农民文化技术学校”，由村党支部书记任校长，由小学校长兼任教导主任，设有科技培训班、电子商务室等，特邀有关方面专家或职能部门负责人到校，开展旅游礼仪、餐饮服务、茶叶种植、淡水养殖、果蔬栽培等项目授课或指导。每期学员约30人，全年安排培训12期。据杜承砚校长说：“学员培训结束，可领到结业证书，凭此证书可在银行或信用社贷到贷款。”

4. 精准“造血”到人

“扶贫就是扶人！”这话没错。

人是世间生产与生活的主题，也是物质和精神享受的归宿。

因此，能够“造血”的人，应依靠其自身“造血”脱贫；无法“造血”的人，则要靠我们精准帮助“造血”到人。

询问下山溪村原村民生活状况

2015年6月18日，习近平总书记在贵州调研时曾明确指出，扶贫开发贵在精准，重在精准，成败之举在于精准。各地都要在扶持对象精准、项目安排精准、资金使用精准、措施到户精准、因村派人（第一书记）精准、脱贫成效精准上想办法、出实招、见真效。他特别强调说："要坚持因人因地施策，因贫困原因施策，因贫困类型施策，区别不同情况，做到对症下药、精准滴灌、靶向治疗，不搞大水漫灌、走马观花、大而化之。"[1]

赤溪村的"造血"到人，亦在践行"精准"两字。

村民沈希南，原本一家7口人温饱不愁，生活过得还可以。只因大儿子、二儿子先后不幸逝世，留下一个媳妇和两个孙女，生活一落千丈，成了隔代贫困对象。挂钩帮扶的村党支部第一书记王纯华，把这户作为建档立卡户跟踪，安排沈希南老伴到村委会做清洁工，每个月固定补助800元，还帮助沈希南搞些力所能及的"造血"项目。

年逾古稀的畲族老人兰德慈夫妇，有个儿子年近五十，尚未娶妻，经常称病，较少参加劳动。兰德慈抱养了一个孙女，家里更是"雪上添霜"。挂户扶贫的镇党委书记郑晋生，多次深入兰家了解情况，发现其儿子虽有患病，但还能干些轻微农活，要求他摒弃懒逸思想，把自家的4亩茶园管理好，年收入可达万元。同时，帮助兰德慈的孙女解决学杂费、生活费，完成在外镇就读高中学业。郑晋生还建议市政府每年发放的补助金，应改为购买鸡苗赠送，让兰家在自家竹林里散养，还联系了一家公司定点收购。

1　见《人民日报》，2015年6月20日，第1版。

2011年6月，宁德市委书记陈荣凯陪同省诚信促进会领导一行到赤溪村慰问贫困户

贫困的原因多种多样，扶持到人的“造血”形式也各不相同。请看从下山溪自然村搬迁到长安新街的3个畲族的特困户对象：

雷祖生，年纪老迈，孤身一人。村里对他实行低保政策，同时每月固定给予补助300元生活费，还安排他负责公厕收费，收入归己。

李先育，单腿残疾，无法参加重体力劳动。村里安排他负责清扫长安新街，每月付给800元工资，同时鼓励他搞些副业增加收入。

李郑明，中年体健，责任心很强，则由赤溪小学招聘为学校保安员，列入教育部门勤杂人员编制，除享受社保

“三险”外，全年工资收入可达2.8万元，加上周末和暑假可以兼顾自家责任地及茶叶采摘等，三口之家人均纯收入达1.4万元，步入小康已不成问题。

这些对象都是“对症下药”“靶向治疗”。但无论精准“造血”到人或精准致富到人，最关键的一条是农村医疗保障，这是能否抵御因病返贫的重要防线。有户村民身强力壮，加上勤劳智慧，年收入达6万元，小日子过得蛮滋润。可是，天有不测风云，人有旦夕祸福，他不幸得了一种皮肤病，由于没有及时治疗，蔓延全身，酿成大疾。后来四处求医，债台高筑，不但花光积蓄，反倒借债2万多元。真是：“辛辛苦苦奔小康，一场大病全泡汤！”

宁德市委书记廖小军、市长隋军十分关心赤溪村卫生所的“海云工程”

好在从2011年起，宁德在全省率先实施农村医疗的“海云工程”。该工程以数字化低成本健康手段，将医疗保障体系覆盖到村卫生所，配合必要的基本治疗和康复设备，实现了医改结实和建真、建活全民健康档案的要求，尤其为乡村医生的人才培养和管理提供了一套可行性的技术方案，真正体现了党和国家对人民群众的关心和爱护。

赤溪村优先享受到这一待遇，村卫生所有了一台现代化的检查仪，可检查10多种疾病，能承担基本公共医疗服务，对一些心脏病等亦可通过远程指导，请求城里医师帮助诊断医疗。这样，村民们几乎做到常见病不出村，既省钱又省工，人人“造血”有“保驾护航”。

说到精准“造血”到人，还必须提及：治穷还要治“愚”。

有个二十出头的年轻小伙子，身强力壮很勤劳，起早摸黑干农活，什么苦都能吃，依靠劳动发了家，摆脱了贫困，还攒了一笔钱准备娶媳妇。没想到两年之后，他感觉到手脚乏力，走路难支，渐渐面黄肌瘦，入夜难眠。有一个深夜，他刚迷迷糊糊入睡，忽见一头水牛朝着他的腹部顶来，疼痛难忍，他吓出一身冷汗惊醒，原来是噩梦一场。接二连三几个晚上的梦魇，让他精神恍惚，言语错乱。父母亲赶紧跑去求神问卦。据“跳神”“指点迷津”：“得罪了牛魔王，需做三天三夜法事敬神才能保住平安。”他的父亲打听到邻县有个能“驱神赶鬼”的“赤脚大仙”，不惜重金邀请到家做了三天三夜法事，各种花费六七千元不见好转，腹痛更加厉害。可怜天下父母心，为了治儿子之病，竟动用了娶媳妇的钱，发动亲友分头到寺庙烧香拜佛，祈祷佛祖保佑。其结果，钱花光了，病情却越发严重……

后来，村干部得知此事，带着一位村医上门诊断，经过详细过问病情，终于水落石出：这个憨厚老实的小伙子，凭着年轻力壮不知疲倦，经常没吃饭就下地干活，挨到饿得受不了才回来饱吃一餐，撑到肚子胀痛才肯罢休。如此饮食不节，闹出严重胃病。

那梦牛顶腹又是咋回事？原来，这个年轻人有一天下田犁地时，没喂过饲料的老牛消极怠工。他忍不住使劲抽它一顿，没想到这牛掉转头来狠狠地盯他一眼。蓦地，他心里咯噔一下，一股莫名的歉疚感涌上心头，从此怏怏不乐……梦中被牛顶撞的病根找到了。他被送到镇卫生院作胃镜检查的报告出来了：胃溃疡。

医生对症下药治疗，加上本人遵照医嘱注意科学饮食，没半年时间胃病痊愈了，他又生龙活虎地干活了。他深刻地体会到："迷信神鬼害人，治穷还得治愚根。"

5.“海燕”落户记

有道是：“穷在闹市无人问，富在深山有远亲。”

也许赤溪村人对这一古语悟得更深。不努力“造血”致富，就是飞到身边的凤凰也会再飞走。

赤溪村就曾演绎过这样一个令人感叹而又发人深思的故事。

青年村民吴敬大想学开车，为了节省考驾照的经费，居然跑到江西九江去。在那里学习驾驶期间，与一家超市的女营业员杨海燕认识。天长日久，他们无话不谈，成了好朋友。2001年中秋佳节前夕，吴敬大获得驾照后偕同杨海燕回老家。从九江乘直达大巴到浙江龙港，然后再乘班车到赤溪。一路颠簸，一路弯道，把杨海燕晕得快吐了，吴敬大只得采用“望梅止渴”法：“快到了，快到了！”“只差20分钟！”“还差15分钟！”……头昏脑涨的杨海燕痛苦无比地挨到了吴敬大的家，一看是个破败的旧木房，家徒四壁，顿生反感情绪，碍于面子，只得过完中秋节。第二天，她就离开赤溪返九江去了。

心仪的女子回家后杳无音信，连电话也不接，吴敬大急得像热锅里的蚂蚁，马上动身赶往九江。可是，他只知道杨海燕在超市，却从来没有到过她的家。怎么办？幸好他曾看过杨海燕身份证上的家庭住址，还留有一张杨海燕赠他的照片。

吴敬大在九江市区依照身份证上的住址来到了江洲镇洲头村。偌大的一个村，杨海燕究竟住哪里呢？他便手执照片沿途打听，逢人便问，连饭也顾不上吃。最后，问到一位摩的司机，说有见过这个姑娘，知道她家住址。热心人把他带到杨海燕家时，这位耿直又实在的姑娘傻了眼："谁叫你老远跑到我家来呀？"

吴敬大不作回答，唰地脱下鞋袜，让她看看磨出血泡的脚板。

杨海燕虽动了恻隐之心，但她却执着坚持"没有面包的爱情并非幸福的爱情"理念，无论如何不愿答应这门婚事，加上母亲固执不肯女儿远嫁，眼看这场爱情就要泡汤。

痴心不改的吴敬大坚持待在那里好几天，而且放出话风："如果求婚不成，自己将失去生活勇气……"

精诚所至，金石为开。杨海燕和母亲终于被吴敬大的真诚所感动，开启了紧闭的口。

然而，杨海燕虽然允承了这门亲事，随着吴敬大再到福鼎，却不愿再到赤溪。她要求在福鼎市区帮人卖服装，等待赤溪路况改善、村貌有所改观才结婚。对贫穷嫌弃的心态虽不可苟同，却反映着当今相当部分年轻人的心态。怪不得"贫穷不是社会主义"的论断被奉为经典。

杨海燕在"品品香"茶室热情接待客人

万般无奈的吴敬大不好再勉强杨海燕，只得由她在城关打工，自己回村奋发拼搏，依靠内生动力"造血"，向贫穷发起进攻。他的行为，再次感动杨海燕，有情人终成眷属。2005年，和煦的冬日普照，这对新人终于携手走进婚姻殿堂。从此，他们夫唱妇随，在脱贫致富的道路上心心相印。吴敬大在白琳镇开过出租车，在旅游公司开过电瓶车，还当过专职司机，后来又在村里承包小工程，积攒了一笔钱，加上杨海燕盘活资金，节俭持家，不久把破烂的祖居房拆掉，建成了漂亮的小洋房。

从九江飞来的"海燕"终于心甘情愿在山里筑巢定居了。

精明能干的杨海燕，被福鼎市鼎鼎有名的品品香茶业有限公司看上了，该公司聘任她为设在长安新街上的“品品香赤溪店”主管，营销名茶产品。夫妻恩爱，两个女儿活泼可爱，家庭生活过得幸福美满。

一天，宁德市委常委、宣传部部长徐姗娜到赤溪村调研宣传工作，顺便到“品品香赤溪店”，她与杨海燕亲切交谈，鼓励她带头致富的同时，要追求思想进步。杨海燕提出要求申请入党。徐姗娜问起缘由，杨海燕利索地回答：“如今赤溪村前景无限，我作为外地人申请入党，想为当地党支部增添一份新鲜血液，更好地带领村民建设小康！”

人见人爱的“睡王莲”

第五章

建设小康村

1.“中国扶贫第一村”的由来

喝过苦水的人，最知道蜜糖的甜。

熬过严冬的人，最知道春天的暖。

历经艰辛“输血”、艰难“换血”、艰巨“造血”的赤溪人，最知道摆脱贫困、寻找富裕的不易。

他们要感谢中国共产党的英明领导。

他们要感谢各级政府和有关部门的关怀厚爱。

2008年1月15日，在长安新街竖起“全国扶贫第一村”碑

他们要感谢各项扶贫政策带来的莫大恩惠。

他们要感谢各级领导和干部的真诚帮扶。

他们要感谢各界人士和社会贤达的慷慨援助。

怎么个感谢？村民们议论纷纭。

从下山溪自然村搬迁到长安新街13号的畲民李先如感受最深：“过去生活苦黄连，现在生活如蜜甜。我的儿子李信桃、儿媳雷赛英务工收入每月合计4000多元；我的孙子李志炉、孙女李炉妹也靠手艺挣钱啦！家庭收入像芝麻开花节节高，一家子生活越来越好。这要感恩党和政府好领导！要让世代记着，我们是全国第一批享受‘造福工程’的村民，应该在感德碑旁再立一块‘全国扶贫第一村’碑。”

李先如道出了全体村民的心声。村委会主任李信全积极筹办，挑选一块高约1.6米、宽70厘米的青石条，镌刻着“全国扶贫第一村”7个鲜红大字。

2008年1月15日上午，隆冬的严寒挡不住村民们的火热之情，喜炮声响连天，彩球沿街飘扬。人们扶老携幼，欢呼雀跃聚集到立碑处——长安新街的第一批移民户门口。福建省政协民族和宗教委员会主任汤金华（原宁德地区行署专员）、宁德市扶贫协会会长余上富及市直有关部门领导、福鼎市市长倪政云及市四套班子领导等一起参加了揭牌仪式。这不仅是对赤溪群众自发立碑愿望的赞许，亦是对“全国扶贫第一村”如何尽快建成小康村的期盼。

“‘全国扶贫第一村’虽然没有上级有关部门命名，但我们敢立这样的碑，目的在于让子孙后代永远铭记党的恩情，记住党和政府的扶贫好政策，记住我们曾经是最早一批扶贫对象，激励子孙后代永远跟党走，朝着‘第一村’的目标，加快实现小康进程。”——村民委员会主任在揭牌仪式上如是说。

真是“心有灵犀一点通”。也许是受村民们的行为所感动：2009年4月30日，国务院扶贫开发领导小组办公室发出《关于报送纪念建国60周年〈成就展〉扶贫分展览照片资料的通知》（国开办发〔2009〕57号）明确要求选送“福鼎市中国扶贫第一村”的照片资料。

这不正是人们翘首盼望官方的认定吗？

福鼎市和磻溪镇、赤溪村领导抢抓这一难得机遇，日夜加班收集、布置“中国扶贫第一村”展览室。

2009年5月13日，正当赤溪的山花烂漫、莺飞草长时，一场“中国扶贫第一村”展览室揭牌仪式暨纪念“造福工

举行“中国扶贫第一村”展览室揭牌仪式

程”15周年回顾座谈会在万博华旅游公司大会议室里隆重举行。

与会者充分肯定“造福工程”成就，盛赞赤溪干部群众“弱鸟先飞”“滴水穿石”的顽强拼搏精神，提出加快建设小康村的诸多有益建议……

如何亮出“中国扶贫第一村”这张名片？

2014年6月24日是《人民日报》发表《穷山村希望——实行特殊政策治穷致富》来信和《关怀贫困地区》评论员文章30周年，当天，镇、村干部在赤溪村入村路旁竖起一块巨石，镌刻着“中国扶贫第一村”字样。

这天上午，雨下不停，淋凉了炎夏酷暑。应邀参加村碑揭幕的省、市有关领导兴致勃勃，大家饶有风趣地喊着：“这是财水流到赤溪啦！”

没有锣鼓喧天，没有鞭炮震耳。赤溪人以这朴实无华

冒雨为“中国扶贫第一村”村碑揭牌

的形式，为“中国扶贫第一村”亮出了招牌。因为，他们深深懂得：所谓“中国扶贫第一村”，只是党和政府有组织、有计划定点扶贫攻坚的时间最早，而实际距离农民人均纯收入第一、奔小康进程第一、建成小康村第一，却相差甚远。

于是，一场“如何营造第一村”的座谈会，由福鼎市委副书记连建群主持，在村部会议室热烈展开了。

……

这年11月1日，深秋的落叶铺成金黄大道，刚履新国务院扶贫领导小组办公室主任不久的刘永富，偕同几位司长，在省扶贫办主任马国林，分管扶贫工作的宁德市委常委、政法委书记林鸿，副市长黄建龙和福鼎市委书记刘振辉、市长包江苏的陪同下，专程来到赤溪村调研。刘永富

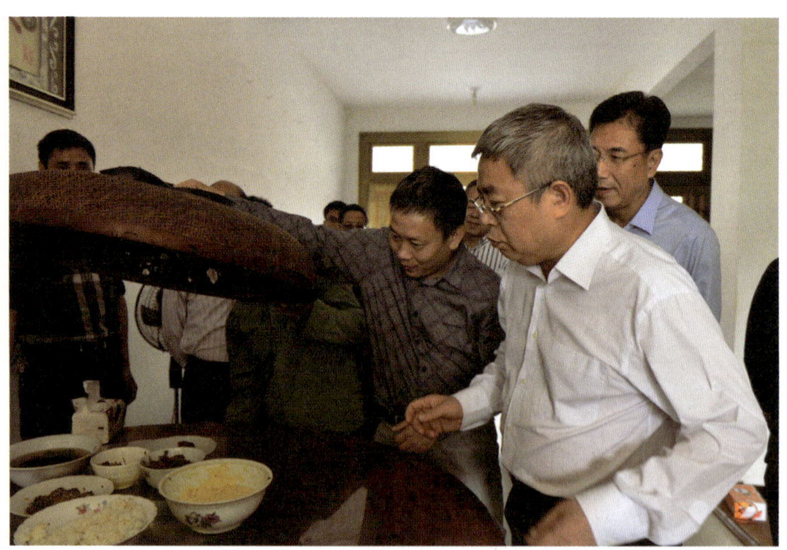

国务院扶贫办主任刘永富在村民家里察看生活情况

察看了村容村貌，走家串户访问脱贫情况。当他听到村民们介绍因地制宜，选准开发旅游摆脱贫困的历程，很是欣喜地说：“你们的路子选对了！”

“你们这‘中国扶贫第一村’是哪来的呀？”刘永富走进村史展览厅向我发问。

福建省人民政府农村工作办公室文件

闽农办〔2009〕30号

关于征集纪念建国60周年《成就展》扶贫分展览照片资料的通知

各市、县(区)农办(扶贫机构)：

近日，国务院扶贫办下发了《关于报送纪念建国60周年<成就展>扶贫分展览照片资料的通知》(国开办发〔2009〕57号)，现将该文件转发给你们，请根据国务院扶贫办的通知精神收集整理照片资料，并于5月17日前以设区市为单位报送我办。

电子邮箱：abc87846434@126.com

二〇〇九年五月七日

主题词：农村 扶贫 纪念活动 资料征集 通知

福建省人民政府农办综合处　　2009年5月7日印发

(共印100份)

附件

建国60周年《成就展》扶贫开发部分所需照片列表

相关照片	必须反映的主题
造福工程	连家船民上岸定居
	福鼎市中国扶贫第一村
	其他典型对比照片
贫困地区路、电、电话 、电视等建设	贫困地区基础设施改善情况
水窖建设	贫困地区饮水改善
学校设施等	贫困地区教育设施改善状况
医疗卫生\科技推广成果\群众文化活动进步图片	贫困地区医疗科技文化改善情况
双学双比活动	特殊群体
小额信贷项目	特殊群体
母亲水窖工程	特殊群体
幸福工程	特殊群体
残疾人创新培训和生产活动	特殊群体
中国扶贫基金会的扶贫项目(母婴项目、农户自立项目)	NGO参与扶贫的作用(社会参与)
希望工程	NGO参与扶贫的作用(社会参与)
光彩事业	NGO参与扶贫的作用(社会参与)
参与式扶贫方法	贫困群众在扶贫开发中的主体作用
社区主导型发展	贫困群众在扶贫开发中的主体作用
村民自治组织发展	贫困群众在扶贫开发中的主体作用
整村推进扶贫规划图	开发式扶贫内容
“雨露计划”培训现场(不同工种)	开发式扶贫内容
世界银行、联合国开发计划署等扶贫项目执行现场	国际合作

《关于征集纪念建国60周年〈成就展〉扶贫分展览照片资料的通知》（2009年5月7日）

我坦诚地把这“中国扶贫第一村”的由来一五一十和盘托出，然后加重语气说：“第一个牌子纯粹是村民们自发竖起来，只称‘全国扶贫第一村’；后来有了国务院扶贫办以文字形式告知的‘中国扶贫第一村’，于是就改称了。一字之差，区别民间与官方啊！”我边说边亮出国务院扶贫办的2009年第57号文件复印件给刘永富主任看。

刘永富莞尔一笑说：“认了！认了！”

“认了，就认了啰！”——大家异口同声附和着。

“哈！哈！哈！”

后来，赤溪干部群众嫌村路口那块原石既小气又不醒目，在负责一线指挥的福鼎市委常委李成双的倡导下，协同城建技术人员专程到下山溪溪床上找到了本书开头描述的这块形似雄鹰冲天的巨石。为搬动这块巨石，竟动用大型起重机械，花了一整天，才好不容易运竖于此。

它既是赤溪村的地标性建筑，更是赤溪人立此存照的一面心灵之镜。

矗立在赤溪村口的“中国扶贫第一村”石碑

2.媒体合力助推

无数事实证明，新闻舆论的力量决不能小觑。正能量的新闻报道可以成为民意的“晴雨表”、社会的“黏合剂”，也可成为加快脱贫、建设小康的“推进器”。

幸福福鼎

“中国扶贫第一村”的幸福嬗变

有一种扶贫，叫可持续

一个家庭的幸福演绎

2014年5月6日《闽东日报》以整版篇幅刊出长篇通讯《“中国扶贫第一村”的幸福嬗变》

赤溪村30多年来的嬗变，离不开各级媒体的合力助推。

当32年前的《人民日报》在第1版刊登《穷山村希望——实行特殊政策治穷致富》来信，并配发《关怀贫困地区》的评论员文章以来，各级

人民日报

RENMIN RIBAO

人民网网址：http://www.people.com.cn

2016年2月 1 星期一 乙未年十二月廿三 人民日报社出版 国内统一连续出版物号 CN 11-0065 代号1-1 第24677期 今日24版

新春走基层

脱贫路上的赤溪村

本报记者 王一彪 蒋升阳 赵鹏 李波

开栏的话 群众在哪里，基层就在哪里，新时代的中国故事就演绎在哪里。春节临近，本报记者纷纷深入基层、贴近实际、融入群众，听真话、写实情，用纸笔、用镜头记录基层的实情实况，反映群众的所思所盼。

从今天起，本报推出“新春走基层”专栏，与读者一起走边疆、访老区、赴灾区、到厂矿、入农家、进哨卡……把新闻写在每一寸城乡的土地，写进每一位群众的心坎。

赤溪，是福建宁德福鼎市磻溪镇的一个行政村。30多年前的极度贫困状况，曾因为本报一封题为《穷山村希望——实行特殊政策治穷致富》的读者来信，引发全国关注。来信带着对当地百姓的深厚感情，讲述了其中一个自然村——下山溪村，在上世纪80年代仍有“篓锄一条裤”的辛酸场景。

为了探个究竟，记者在当地村民引导和帮助下，几乎是手脚并用爬上了“挂”在陡壁上的下山溪村。站在当年简易茅草房而现已完全荒废的极其狭窄的宅基地上，心底只有无声的感叹。“地瓜帝菜是主粮，一碗盐水作成汤”，当年给本报写信的王绍据指着残存的灶台，声情并茂地回忆起来。

1984年6月24日，这封来信见诸本报头版，还配发了题为《关怀贫困地区》的评论员文章。这一年9月，党中央、国务院下发《关于帮助贫困地区尽快改变面貌的通知》。后来，又出台《国家八七扶贫攻坚计划》。在这样的大背景下，省地县镇四级党委政府给予了特别关心与扶持，村民是……

少年时代经历过贫困的杜家住更愿意讲现在的幸福生活。一路上，这位年轻的村支书就一直自信地叙说着赤溪村30年来的巨大变化，特别是党的十八大以来当地老百姓过上的好日子。尤其让杜家住想不到的是，2015年1月29日，习近平总书记在国家民委的一期简报上对赤溪村脱贫作出重要批示。

在简洁明亮的村史展示室，杜家住差不多能把习总书记的批示背诵出来：“30年来，在党的扶贫政策支持下，宁德赤溪畲族村干部群众艰苦奋斗、顽强拼搏、滴水穿石、久久为功，把一个远近闻名的贫困村建成了小康村。全面实现小康，少数民族一个都不能少，一个都不能掉队。要以‘时不我待’的担当精神，创新工作思路，加大扶持力度，因地制宜、精准发力，确保如期啃下少数民族脱贫这块硬骨头，确保各族群众如期实现全面小康。”

“这是总书记对我们畲族村的充分肯定和巨大激励，更是党中央对少数民族脱贫致富的殷殷嘱托。”杜家住对赤溪……

……客流。赤溪村的生态旅游产业像加足火的开水一样，沸腾起来。全村3家旅游公司仅半年时间接待游客量就比2014年全年增长50%。全村408户、1800多名村民已有356户、1500多人搬到中心村，目前在赤溪村主路长安新街上，开起73家各类民宿、小超市、农家乐和特产店。2015年全村群众人均纯收入达1.3万元，其中45%以上来自旅游业。

来赤溪村游客的快速增长，让最早搬迁到这条主街上的22户下山溪群众也萌生了转型发展旅游业的念头。新修的公路一开通，在村两委、镇党委协调帮助下，第二次新房建设也开工了。“不光如此，我们还花了100多万元，请人完成了旅游和新村规划设计。”磻溪镇党委书记郑晋生告诉记者：“下一步，我们还准备将旅游线路向下山溪村方向延伸，开发峡谷漂流、野外探险，让下山溪的青山绿水，从过去的穷山恶水真正变成脱贫致富的金山银水。”

虽是隆冬季节，依旧挡不住料峭在闽东山村中的勃勃生机。在赤溪村整洁宽敞的长安新街上，几个孩子无忧无虑地奔跑着，脸上满是灿烂的笑容。其实，记者在迈进赤溪村那一刻起就注意到，无论是第一批搬迁来的下山溪村畲族老汉李先如，还是经营“天然居”民宿的年轻老板杜家立、杜春霞夫妻，他们面对记者始终是写满幸福的笑脸。

2016年2月1日《人民日报》头版头条刊登《脱贫路上的赤溪村》

拔穷根》。

《中国民族报》《中国旅游报》《民族画报》……

篇篇深度报道和精美照片在中央级媒体的重要版面或时段刊播，引发全国各种媒体、各个网站纷纷转载。

新闻舆论的传播力和引导力，不仅让更多的人认识赤溪村，让更多的游客慕名前来“中国扶贫第一村”，增添这里的“造血”功能，加快脱贫致富步伐；而且激发了广大村民们的内生动力，励志早日建成小康村。

“新闻记者进村采访不断，我们的拼搏干劲就会源源不绝，报纸、电视、网络是我们的镜子，经常对照就会倒逼着我们丝毫不敢懈怠。”——几位回乡创业的大学生有感而发。

精神推动物质，物质产生精神。如此良性循环，恰是新闻舆论追求的目的所在。

作为党中央机关报的《人民日报》，接二连三在头版头条报道一个村的故事，实属罕见。继2014年5月25日刊出《下山溪村下山记——三十年前，全国性的扶贫攻坚从这里启幕》之后，2015年2月15日，又以《“扶贫第一村”变身小康村——回访赤溪看畲乡》为题刊发长篇通讯。2016年1月13日，由人民日报社编委、秘书长王一彪率领福建分社社长蒋升阳、采访部主任赵鹏一行，专程深入赤溪村采访，他们不畏艰险，拄着拐杖，手脚并用爬上了20多年荒无人烟的下山溪自然村，体验当年穷困的滋味。半个多月后，《人民日报》又在头版头条刊登《脱贫路上的赤溪村》通讯。同日，在第10版以一个整版的篇幅介绍“中国扶贫第一村”脱贫记，近8000字的通讯，以“实事求是找路——一封改变命运的信”“转变观念造

记者调查 10

“中国扶贫第一村”脱贫记

2016年2月1日《人民日报》第10版整版刊登《“中国扶贫第一村”脱贫记》

人民日报社编委王一彪和记者拄着拐杖攀登下山溪村旧址

福——搬出一方新天地”“动真碰硬治村——筑牢堡垒活力”“反弹琵琶兴业——青山绿水是‘银行’”4个部分详细描写脱贫的全过程。头版连带第10版，如此长的篇幅，这在《人民日报》史上是罕见的。

学习，贵在神速。2016年2月2日上午，福鼎市委书记刘振辉主持召开常委（扩大）会议，由市委常委、宣传部部长姚双霞原原本本宣读《人民日报》通讯，联系全市实际，讨论如何加速脱贫，作出了一系列部署。下午，他偕同副书记连建群赶到赤溪，与镇、村干部、村民代表再次一起学习讨论。大家达成了共识：《人民日报》用巨幅标题冠以“中国扶贫第一村”，这是对赤溪村的充分肯定，无论如何不能辜负党报的信赖，要加倍努力，继续拼搏，把“扶贫第一村”建成“小康示范村”！

3.巨大的鼓舞

正能量的新闻舆论产生了无穷效应。

由于2014年各级媒体集中宣传，回眸赤溪30年扶贫历程，报道了各方面成果，国家民委的《民族工作简报》也刊登了这个畲族村的消息。

2015年1月29日，习近平总书记在日理万机的繁忙中，看到案头上的《民族工作简报》，甚为欣喜，当即挥笔作

装扮一新的畲族姑娘们喜上眉梢

赤溪村畲族姑娘当起了茶老板

了如下批示：

> 30年来，在党的扶贫政策支持下，宁德赤溪畲族村干部群众艰苦奋斗、顽强拼搏、滴水穿石、久久为功，把一个远近闻名的贫困村建成了小康村。全面实现小康，少数民族一个都不能少，一个都不能掉队。要以时不我待的担当精神，创新工作思路，加大扶持力度，因地制宜、精准发力，确保如期啃下少数民族脱贫这块硬骨头，确保各族群众如期实现全面小康。

习近平总书记的批示，既是对“中国扶贫第一村”的充分肯定，更是再次向全国吹响了扶贫攻坚的“集结号”。

巨大的鼓舞，莫大的鞭策。

廖小军主持召开宁德市委常委（扩大）会议，连夜学习传达，讨论如何完善、提升赤溪村，并把这里的脱贫经验推向全市，加速建成小康村。

福鼎市、磻溪镇、赤溪村三级干部联席会议，讨论如何实现小康村，抢抓机遇，借力发力。从市重点工程指挥部抽调市委常委李成双担任总指挥，大年初三，市、镇干部就到村，实施“十五个一”工程：

一是加快修通一条路。赤溪通往山外已有两条公路，但均要盘山而行，弯道太多，不利大巴畅驶。宁德市委书记廖小军到此调研交通问题，多次考察这里的地形山貌，果断提出打开山门，新辟杨赤公路，即是从霞浦的杨家溪风景区切口，直达赤溪，行程可减少五分之三时间。可是，这条全长20.42公里、概算总投资3.11亿元的新路，其中有17.77公里在霞浦县境内。需完成4座隧道总长1754

宁德市委主要领导在杨赤公路上召开现场会

米，1座桥梁207米，难度非同小可。如何协调一县一市同心协力？宁德市成立杨赤公路建设指挥部，由副市长陈宜国担任总指挥。在数次攻关之时，廖小军亲自上阵，亲自协调，亲自督战。霞浦县委书记王斌、县长颜谋元以大局为重讲奉献，他们和分管领导轮番出马促工程。自2015年2月7日市委确定建成通车的专题会后，经过5个月的艰苦奋斗，终于于7月15日顺利通车，连接了沈海高速公路。原来从赤溪村往牙城镇至少需1小时15分钟，现在只需20多分钟。山门洞开，畅通无阻。这条公路无疑成了赤溪村的生命之路、希望之路、小康之路。

杨赤公路的赤溪段起点

万博华旅游公司兴办的蝴蝶生态园最受小朋友们青睐

二是绘好“一张图”。修改完成赤溪新村规划图，旅游线路导向图，重新竖立“中国扶贫第一村”碑及周边绿化，配套村口生态停车场建设；村口至长安新街交通指示牌、缓冲带及斑马线设置，太姥山镇至赤溪旅游公路的旅游标识牌设置。

三是发展一个好产业。一要扶持一批好企业；二要发展一片毛竹林；三要新增一片有机生态茶园；四要建好一口生态鱼塘；五要建好一座大棚；六要开辟一块商品花卉、树苗种苗基地；七要繁荣一条旅游街；八要建设一座农副产品特色市场；九要新增一批农家乐、餐饮店；十要兴办一批电商网点。

四是改造提升一批配套基础设施。在完成停车场和两座公厕改造的同时，按照旅游风景区标准新建一座公厕、生态主题公园；完成长安新街电线杆迁移和弱电下地；污水处理工程铺设管道，整理排水口；沿街两旁房屋立面按统一规划施工改造。

五是建立一个展示厅。利用过去国家粮站遗留的屯粮仓库，外形修旧如旧，古色古香；内配现代的装饰灯光，色彩鲜艳的照片及图表，使“中国扶贫第一村”的展示厅让人驻足可看，流连忘返。

六是修建完善一个生态文化主题公园及农家书屋、妇女中心、青年中心、老人活动中心。

七是办好一座农民文化学校。加强脱贫致富产业项目的技术培训，让村民们学有所专、学有所长、学有所用。

八是组建一支服务农民经营开发的青年农技队伍。

九是组建一个青年农民创业就业指导中心。

十是组建一支帮扶工作队和志愿者队伍。由30人组成的“大手牵小手”帮扶畲族特困户的志愿者在积极开展工作。

十一是扶持一家大学生创业示范点，然后再扩大到10家以上。

十二是实施村卫生所“海云工程”，增加医疗设备，不断改善医疗条件。

十三是整理好一套文档资料，为今后建成展览馆、博物馆积累铺垫。

十四是建好一个依法治村警务室，按公安分所标准配备1名干警（副所长）和4名协警。

十五是增强一个党支部战斗力，提升现有支部成员表达能力和工作能力，不断吸收新鲜血液，尤其注重从回乡大学生中发展新党员。

……

习近平总书记的重要批示如春风化雨滋润着赤溪村一草一木。“十五个一”工程就是在如此巨大的鼓舞下一项一项落到实处。

宁德市委、市政府继在赤溪村举办习近平总书记《摆脱贫困》一书专题学习研讨活动后，全市又在这里召开了“加快脱贫建小康”的现场会。福建省人民政府也在这里举行“全省美丽乡村建设和旅游开发的经验座谈会”。

赤溪小康村的雏形呼之欲出。花香自有蜂蝶来。慕名到“中国扶贫第一村”的旅游者、参观者、访问者、取经者纷至沓来，络绎不绝，为这里的旅游业锦上添花。每逢节假日，旅游组团的中巴车、大巴车，自驾游的各种小车，川流不息。客栈住宿爆满了，餐饮小店挤爆了。“山里人家”的女老板杜春蓉笑得合不拢嘴：“今年两周生意，胜过去年半年收入！”专卖当地特产“香鱼干”的村民黄国库，他就在自家楼下设铺，前店经营，后间加工，精心烘烤这一土特产，一年间就净挣8万多元。

幸福写满在杜春蓉的脸上

2015年12月7日，弥漫在赤溪多日的冬雨忽然飘停，暖融融的太阳拨开云雾照射到大地——赤溪的山山水水更显得妩媚三分。

中共中央政治局委员、国务院副总理汪洋，在福建省委书记尤权、代省长于伟国陪同下，来到赤溪村。和蔼可亲的汪副总理与村民们拉家常，聊生意，走进村卫生所了解“海云工程”及村民医疗情况。来到赤溪村扶贫展示厅时，根据上级领导指定，要我向汪副总理一行介绍“中国扶贫第一村”的由来。当我讲到赤溪脱贫历程由“输血”到“换血”，再到“造血”的三十年艰辛史时，也许是我的普通话不标准，汪副总理把“换血”听成了“放血”。他突然不解地插问：“既然‘输血’啦，干吗还要‘放’出来？”廖小军在旁解释：“是更换的‘换’，不是放开的‘放’，意在换个地方‘造血’。”“哈！哈！哈！”大家为此一乐。

从展示厅出来，顺路到万博华旅游公司兴办的蝴蝶园，千姿百态的各色蝴蝶迎着客人飞舞，喜得领导们笑容难敛。

“这是什么花？这样漂亮！”汪洋好奇地问道。庄庆彬解释说：“这叫九品香水莲，有九种颜色，故称九品。其花可观赏插花，还可泡茶煮食，富含丰富的复合维生素B，是很好的碱性保健品。”

汪洋听说可泡茶并有安眠作用，主动要求说：“那也给我来一杯尝尝。”尤权等随行领导纷纷端杯品尝起来。

“口感不错，不错！我帮作宣传。”汪洋一句话博得在场人们开心一笑……

当天下午，在宁德召开的东部地区扶贫工作座谈会上，汪洋满怀喜悦地说：宁德是习近平总书记早期开展扶贫实践的地方。在这里，总书记系统提出了“以改革创新引领扶贫方向、以开放意识推动扶贫工作”原则，以及“弱鸟先飞”意识、“滴水穿石”精神和“四下基层”作风等一系列重要思想。27年来，宁德历届党委政府坚持这些思想，始终把“加快发展、摆脱贫困”作为工作主线，一届接着一届干，团结带领广大群众不懈努力，艰苦奋斗，取得了显著成效。农民人均纯收入已经超过万元，脱贫率达到96%，“宁德模式”成为习近平总书记扶贫开发战略思想的成功实践，也成为中国特色扶贫开发道路的一个典范。

2016年元旦刚过，省委副书记、省政府代省长于伟国和副省长黄琪玉带领省直有关部门领导，深入到屏南县，边传达东部地区扶贫工作座谈会议精神，边介绍赤溪村的扶贫经验。于伟国对加快脱贫提出了“到户到人”“到情到心”“到位到责”“到策到效”的新要求。

福建省委书记尤权到赤溪村调研脱贫情况

4.千里连线

2016年2月19日这天，是赤溪村干部群众永远铭记的日子，也是宁德市人民感到幸福与自豪的时刻。

“元宵未到年未了。”

正当人们依然沉浸在送“羊”迎“猴”的喜庆欢乐中，来自人民日报社人民网的技术专业队，正月初五就进驻赤溪村。宁德市委宣传部、福鼎市委宣传部和磻溪镇党委、政府积极协调移动通讯、供电、公安等部门，群策群

宁德市委常委、宣传部部长徐姗娜陪同人民网记者在视频现场

力，共同帮助来自北京的新媒体。

这支训练有素的专业能手，遥对太空架设天线，调试又调试，整整5天过去了……

“他们来做什么？”谁也无从知晓。

“也许‘中国扶贫第一村’要上卫星啦！”大家纷纷猜测着……

直到2月18日在彩排现场时，我本人还以为是同人民日报社社长视频连线。

19日上午，细雨蒙蒙，春寒袭人。而在赤溪村扶贫展示厅内却是热火朝天，气氛热烈。26位村民代表和村干部打扮一新，有几位穿上崭新的畲族服装。大家静静地凝视着电视屏幕，一分钟、一分钟地等待……

赤溪村党支部书记杜家住在视频上向习近平总书记汇报脱贫情况

9时37分，当习近平总书记的魁梧身影出现在人民网演播室时，"谜底"揭开了！全场沸腾了！大家像见久别的亲人一样欢呼起来了：

"总书记好！"

"习爷爷好！""习爷爷好！"站在最前排的几位小朋友喊得更带劲。

在赤溪村视频连线现场的人民网主持人许博，向总书记作简短介绍后，村党支部书记杜家住顺势接过话筒，激动而又从容地作了汇报：

尊敬的总书记，您好！

我就是这个（赤溪）村的支部书记，我叫杜家住。去年1月29日，您对我们赤溪村的脱贫工作作出了重要的批示。我们大伙儿都备感振奋，欢欣鼓舞。在这一年来，我们赤溪村又发生了新的变化。我们的杨赤公路已经正式开通了。我们现在人均纯收入也达到13600元。这就是您当年倡导我们保护下来的绿水青山，如今真正也变成了我们老百姓山上的"银行"。现在我们全村的贫困率从80年代的92%下降到现在的1%。我相信不久的将来，我们会完全消灭贫困，确保少数民族群众一个也不能掉队，请我们的总书记放心！

平时讲话偶尔有些结巴的杜家住，此时却能淡定而流畅地发言，使大家既惊讶又佩服。

习近平总书记面带微笑，仔细听完杜家住汇报，带头鼓起掌来。他说：

很高兴在人民日报人民网和你们在这里视频连线。看到宁德的乡亲们，我也是感到很高兴，很亲切，我也是在想念着你们。

接着，习近平总书记抬手指了指展示厅正前方墙上的一行字又说：

你看你们那标头是“中国扶贫第一村”，这个评价是很高的，但是我觉得这里面也确实凝聚着我们宁德的人民群众、赤溪村的心血和汗水，我在宁德讲过“滴水穿石”“久久为功”“弱鸟先飞”；你们做到了，而且你们的实践也印证了我们现在的方针，就是扶贫工作要因地制宜，精准发力，所以我们现在提出精准扶贫。希望赤溪村再接再厉，在现有取得很好成绩的基础上，自强不息，继续努力。

扶贫根本还要靠自力更生，还要靠我们的乡亲们内生动力，但是党和国家一直会关心你们和支持你们。

我看到这些年轻的孩子们健康、活泼、可爱，我感到很高兴。幸福的生活会越来越好，在孩子们的未来，他们的生活会越来越幸福。我祝赤溪村、也祝我们宁德地区各方面的工作蒸蒸日上，事业兴旺！

千里连线，情暖人心。习近平总书记的贴心话，无不让人动容。他的话音刚落，两边演播室再次响起热烈的掌声。女主持人把话筒递给了我：

总书记，新春好！

请允许我代表乡亲们向您拜个年！

今天能够在视频上同您见面，我的心情特别激动。回想您在宁德工作期间的日日夜夜，我们都历历在目，记忆犹新。我们大伙都想念您啊！

我虽然退休了，但我还经常到赤溪村来走走看看。每到一次都看到这里新的进展、新的变化。赤溪村脱贫致富有如此变化的今天，我想就印证着您在批示中的16个字，那就是“艰苦奋斗、顽强拼搏、滴水穿石、久久为功”。

总书记啊，乡亲们热切盼望您回宁德走走，到赤溪村看看。谢谢您了！

为了准备这一分钟的对话，我琢磨了一个通宵，生怕言不达意，生怕声音沙哑，生怕激动之时哽咽……

幸好能流畅地发言完毕。总书记认真细听，频频点头。我的话音刚落，就听到他那雄浑而亲切的话声：

绍据啊，我看到你也感到很高兴！

王绍据在演播厅同习近平总书记视频对话

第一句话就把我的眼泪催动了！一个大国领袖，日理万机，不知接触过多少中外人士，居然在6年后能够一眼认出我，而且直呼我名，怎不令人热泪盈眶呢？！那是2010年9月7日，他担任中共中央政治局常委、国家副主席，莅宁德视察时接见了我。

听说你已经退休了，这真是啊，当年还是个小伙子，现在已经退休了。我也记得当年我们一起共同下乡的情况，应该说我们当时下乡还是比较深入的。所以，我现在特别注重我们在地方工作的同志能够深入基层，新闻战线的同志也要接地气，深入基层，这样才能了解真实的情况。你几十年前报道的赤溪村的情况，它当时就很有新闻价值。

赤溪村给我今年写了信，我看了也感觉到很亲切。它的历程是我们全国扶贫的一个历程，我们要很好地总结，而且要不断地向全面建成小康继续努力。

绍据同志，你在那边也是当地的一个活地图，也是个活字典。一个很好地帮助大家一起，协助大家总结宁德的一些扶贫经验；一个提供一些实际情况，这样为下一步我们全国全面摆脱贫困、建成小康，你还可以发挥余热。

祝你们新春愉快，猴年吉祥！祝赤溪村、宁德的人民群众生活幸福，事业兴旺！

总书记的亲切问候，殷殷关怀，谆谆嘱咐，犹如阵阵暖流涌动着人们心坎，展示厅内的热烈掌声经久不息。视频连线已经结束了，可村干部和村民代表们没有一个舍得离去，大家深情地沉浸在回忆与憧憬之中……

接受媒体采访的赤溪村妇联主任钟丽眉

5.时代之声

“我在宁德讲过‘滴水穿石’‘久久为功’‘弱鸟先飞’，你们做到了。”

“扶贫工作要因地制宜，精准发力，所以我们现在提出精准扶贫。”

“扶贫根本还要靠自力更生，还要靠我们的乡亲们内生动力，但是党和国家一直会关心你们、支持你们。”

“赤溪村给我今年写了信，我看了也感觉到很亲切。它的历程就是我们全国扶贫的一个历程。我们要很好地总结，而且要不断地向全面建成小康继续努力。”

……

这声音，是对宁德人民坚持“弱鸟先飞”“滴水穿石”“久久为功”的充分肯定。

这声音，是对如何开展扶贫、加快脱贫的精准指导。

这声音，是对贫困地区群众要发扬自力更生精神的希望要求。

这声音，是对全面建成小康社会的再次号召。

这声音，无疑是当今时代的强音。

赤溪村干部群众在连线视频欢呼雀跃之后，冷静地思考了3个问题：

第一，就赤溪村现状，距小康村还有一步之遥。2015年全村人均收入13600元，但在平均数下有明显的个体差异，有的悬殊还很大。

第二，全村贫困率已从80年代的92%下降到现在的1%，但如何确保少数民族一个都不能少，一个都不能掉队？

第三，产业单一，缺乏后劲，如何因地制宜，继续选准项目，全面发展？

元宵前夕，村委会楼里夜夜灯光通明。干部和村民代表畅所欲言，集思广益，议定了2016年的工作思路和奋斗目标。

结合本村近年来的发展实际，除了继续抓好环境卫生整治、村庄景观提升外，紧紧围绕赤溪红色扶贫文化、畲族特色村寨、丰富旅游资源三大特色，拓展增收渠道。

第一，依靠产业发展带动农民增收。

在已获得"中国乡村旅游模范村"和"最美休闲乡村"称号的基础上，将赤溪全域化景区与九鲤溪、下山溪景区共同申报创建国家AAA景区，形成景区融合有序发展。积极开展旅游招商引资，引进企业加快开发杜家古堡、下山溪大峡谷等项目，提升畲家风情体验园、七彩农场、田园风光、采摘园等旅游新产品，优化产品结构。利用现有资源，开发环溪亲水平台、汽车营地、湖里岗登山观光步道、坝头溪天然游泳池等，打造赤溪村新的旅游亮点。

在产业发展上：一是成立福鼎市烹饪协会赤溪分会。采取"引进来，走出去"的办法，请福鼎市烹饪协会的厨

村民在捞养殖的光鱼

艺大师免费培训，打造特色菜系，将有意发展农家乐的村民送到市区各大酒店进行培训，争取名额鼓励他们积极参与各项烹饪比赛，对符合要求的农家乐给予授牌，丰富赤溪饮食文化内容，提高赤溪饮食文化的档次，打造美食文化村。二是3月5日举办首届赤溪村特产美食节。吸引游客，形成效应后每月组织两天，引导村民自发销售当地及周边特色农产品，增加收入。三是鼓励群众自主创业。村集体积极争取项目补助及金融贷款等办法解决资金问题，并开展导游、种养殖、农家乐经营等技能培训，鼓励村民加入导游队伍；支持妇女组织专业合作社，发展野菜、百香果、无花果等特色观光种植园60亩；推广黑木耳、中草药等林下种植30亩；派专人负责村生态发展有限公司，建设农产品加工厂，加工笋干、香鱼干、蔬菜干等，统一标识、品牌、销售。四是全面建设智慧村庄（景区）。全村在网络信息化建设基础上，已和市农行合作设立“生态赤溪”微信平台，实现全村乃至周边景区的智能化管理系统。通过村旅游发展有限公司运作，将所有旅游企业、农家乐、民宿、特产店纳入村智能化管理系统统一宣传、运营、管理，招商引资，吸引更有实力的旅游开发商进驻赤溪。

在项目建设上，分近期项目和中长期项目。

近期项目（2016年实施）：一是村庄绿化，林相色化、花化，景观建设。针对赤溪村气候特点，在3月份种植30亩优质水蜜桃，已选址邱宅、小溪、溪东和村庄插花地种植，由专业合作社和村民管理，春天赏花，夏天采桃，增加乡村旅游特色，增加村民收入。二是坝头溪天然

“耕乐源”的外景令人赏心悦目

水域水上游乐项目。争取文体、旅游部门资金支持，缺口部分通过自筹解决，在坝头溪左岸建设游泳服务设施（公厕、换衣室、泳具出租、特色小吃店），既方便游客，又能增加村民收入，通过村集体投入建成后向经营户招租。三是水岸夜景灯光工程。在九鲤溪和下山溪沿岸建设灯光夜景。既作为村民的夜间娱乐场所，举办广场舞、舞会等活动，又可吸引游客留在赤溪住宿，提升旅游品质。争取住建部门项目补助或列入城乡灯光PPP项目，与旅游公司合作共同解决资金缺口。四是游览步行栈道。争取文体、旅游部门资金支持，在不破坏原有的山岭景观下，修建杜家堡、湖里岗游览步行栈道，既可增加游览线路，又可观看到赤溪村和杜家堡全貌。五是排污管道及污水处理厂建设。六是村综合服务楼建设。含农贸市场、综治维稳工作站、文化中心、老人活动中心、警务室、法官工作室、妇女儿童活动中心。通过争取商贸、文体等相关部门资金补助及建设配套资金解决。七是建设畲族文化走廊。争取民族与宗教事务部门支持及对外招商解决资金缺口，充分调动畲族群众主体作用，挖掘和推广畲族传统民俗文化，发展山歌会唱、舞蹈队，绘制畲族风情壁画，营造畲族氛围。挖掘畲医、畲药、食品，打造畲族风情旅游购物一条街，包装销售畲族特色产品，发展畲族风情游等文化旅游项目。八是对下山溪重建户帮助对接旅游企业和经营单位。于6月份建成畲乡旅游商业中心区和民宿集中区，增加下山溪搬迁户的收入。九是杜家堡古民居总厅保护修缮。杜家堡古民居始建于明末清初，占地80亩，建筑面积6000

航拍的杜家堡（坑里弄）古民居

多平方米，建筑规模大，格局保存较好，具有较高的保护价值和开发利用价值，已完成总厅修缮设计，尽快动工，争取列入省级传统村落，利用省文物保护资金投入修缮。后期修缮资金则通过传统村落和文物保护项目继续争取资金支持，计划两年内完成总体工作。

中长期项目（2－3年内完成）：一是计划在村口企头坑附近引进企业建立大型停车场。周边建设农家乐及餐饮集中区、闽东名优特产品展销中心以及扶贫教育培训基地，力图在停车场周边构建完善的旅游服务体系，提高赤溪村的旅游承载能力。可与其他项目合并对外招商，或村与群众自筹方式，分期逐步建设，解决资金问题。二是开发下山溪溪谷度假区建设。争取旅游部门支持，积极对外招商引资，开发下山溪至天洲溪观光步道和小溪民宿、野奢露营、溯溪游、农事体验等旅游项目，丰富旅游内容，

文化扶贫到赤溪

提升赤溪旅游品质。

第二，加强新村建设和管理。一是进一步完善村规民约，加强对村民的教育管理，建立以村干部、村民代表和村务监督委员为成员，分片对遵守村规民约情况的监督检查，建立定期评比公开制度，开展党员示范户、村民代表户、文明经营户、文明家庭户的星级评比管理，落实奖惩措施。二是强化环境卫生整治，建立保洁、垃圾清运市场化运作，确保村庄随时保持干净卫生。强化车辆入村管理，近期内可发挥九鲤停车场、村口停车场、坝头溪停车场等作用，缓解停车问题，建立路口门禁管理系统，对外来入村车辆限量收费入村停放和停车场收费停放，严格实行工程及农用车辆在村外指定区域停放。三是启动60亩二期新村建设，实施以旅游服务（农家乐、家庭旅馆）和造福工程的新村建设，对接农贸市场、老人活动中心、文化中心、幸福园、警务室等项目，启动村综合服务楼建设，力求二期新村建设资金收支平衡。四是建立以村干部为主，部分教师和村民为补充的导游队伍，为游客提供服务。

第三，强化组织建设抓保障。积极发挥村“两委”主动对接上级各相关部门、在争取资金、引领发展、服务群众的作用。在村党支部换届的基础上，成立村党总支，下设村支部、小学支部、旅游产业支部和农业产业支部，注重在返乡创业致富的年轻人中发展党员，实行党员家庭挂牌示范，对党员设岗定责，开展星级党员评比等活动增强党员队伍的凝聚力和战斗力，发挥党员的先锋模范作用。加强对村民的教育引导，共同维护村集体的利益，围绕全村的发展大局，积极为赤溪发展出谋献策，摒弃不良风气的影响，彻底消除等、靠、要的思想，从政府要帮我做什么，转变为我能为村做什么，我能为自己的发展做什么。牢固树立建设小康靠自己的主体意识。

第四，拉网滴灌不漏一个。组织人员进一步深入摸底调查，对全村408户家庭的人口、劳动力、收入情况，结构构成、劳动技能、体力状况及就业愿望等逐户登记造册、建档立卡。靶准到户，因人施策。特别帮助那些还没完全脱贫和达不到小康水平的人分别进行扶贫，或实施兜底保障。

赤溪村、磻溪镇牢记习近平总书记在视频上的嘱托，迅即行动起来了。

即日下午，福鼎市委常委（扩大）会议召开。市委书记刘振辉深有感触地说：“习近平总书记继去年对赤溪村作出重要批示后，今天又在人民网同村干部和群众亲切交谈并寄语祝福，这不仅是对赤溪，更是对福鼎全市的极大关心、莫大鼓舞，更加坚定了我们决战决胜脱贫攻坚战、全面建成小康社会的信心和决心。”“现在关键是要把总书记的关心关怀转化为巨大动力，实施好‘五个一批’工程，打通脱贫最后‘一百米’！”

紧接着，在宁德市委常委（扩大）会议上，市委书记廖小军强调，要以习近平总书记视频讲话为契机，再鼓干劲，再想点子，再出实招，致力追求“四个前”：一要着力在深化精准扶贫上走在前；二要着力在培育脱贫内生动力上走在前；三要着力在健全脱贫机制上走在前；四要着力在全面建小康探索上走在前。

晨雾缥缈的赤溪山峦

6.开花结籽

综观赤溪村32年扶贫历程，有过痛苦与彷徨，有过困惑与悲怆，有过追求与挫折，有过体味与激动，有过欣喜与成功！

这里践行了“弱鸟先飞”意识，发扬了顽强拼搏精神，展示了“滴水穿石”毅力。

这朵脱贫之花盛开了，如今结成种子了。

麻雀虽小，五脏俱全，解剖一只麻雀，可知千万只麻雀之状况。解剖赤溪这只“麻雀”颇具指导意义。

1.内生动力是脱贫的根本。

培根说：“人是万事万物的中心，是世界之轴。”地球上有了人类，才有了尊卑、贵贱、贫富之分。贫穷者要超越自己追求富裕，必须有所梦想，有所追求，有所行动。如果没有内生动力，即使天上掉下银圆也懒得拾到自己的口袋中。

扶贫先得扶人，扶人的思想，扶人的志气，扶人的毅力。如果一味认为贫穷是“命里注定”，不敢忤逆，不去顶撞，就会听天由命，代代链接。有了反贫的思想，就会产生斗穷的志气和毅力。温度能使鸡蛋孵出小鸡，却无法把石蛋孵成小鸡。

有些地方为什么年年“输血”不见“血”，年年扶贫还是贫？原因除了诸多客观因素外，根本就在于人的内生动力没有得到启发与展现。有些人纯粹是接受扶贫，或被扶贫，你给多少我吃多少，你输多少“血”，我吸多少“血”，怎么扶也扶不起来。因此，必须摒弃“安贫乐道”“穷自在”“等、靠、要”观念，克服“闲、慵、懒”状态。倡导扶贫应立足于自力更生精神，弘扬“我要脱贫”“我要致富”态度。把事事求诸人，转变为事事先求诸己。“脱贫致富贵在立志，只要有志气、有信心，就没有迈不过去的坎”。

2.因地制宜是脱贫的方向。

贫困是自然的、地理的、历史的、经济的、社会的、人文的诸多因素长期综合作用的产物，但这些因素并非简单地相加，而是在互为因果、互相联系、相互依存、相互制约中构成的。欲要摆脱贫困，先得认清方向，认清自己所在的地理方位，能否摆脱贫困，如何摆脱贫困，靠什么摆脱贫困。

地载万物。因地可以适宜何物，种植什么，建造什么，发展什么，这是发展经济、摆脱贫困的方向问题。诸如这个山清水秀的赤溪，就是适应旅游开发，吸引各地游客到这里体验生态旅游。如果办几家污染环境的小工厂或企业，那是只图眼前、以牺牲自然生态代价换取的经济效益，不仅摆脱不了贫困，而且糟蹋了环境，必然形成恶性循环。

诚然，有些环境过于恶劣，无法选择发展任何经济项

宁德市领导带领相关部门在赤溪村现场考察旅游开发项目

目，如下山溪自然村，则必须实施整村搬迁，这亦是脱贫的首选方向。

3.选准项目是脱贫的门路。

有了脱贫意志，有了脱贫方向，还要有精准的脱贫项目。这些项目要在因地制宜的框架内选准选精。

习近平同志在《摆脱贫困》一书中提出“关键在于农业、工业这两个轮子怎么转”，“靠山吃山唱山歌，靠海吃海念海经”，还强调“推广‘一村一品’”。[1]这就是倡导在因地制宜中认定哪一条门路适应自己，该依靠农业的就发展“种、养、加”，该发展乡镇企业的就两个轮子一起转，既增加村民收入，又壮大集体经济。

精准扶贫要求改变“漫灌”为“滴灌”，选择项目也

1　习近平：《弱鸟如何先飞》，见《摆脱贫困》，第6—8页。

要“靶向”定位到户、到人。有些项目适应村办的，应依靠集体力量兴办；有些项目适应户办的，则由几户联合起来，或合作化性质，或股份制形式；有些项目亦可精准到人，做到个个有脱贫门路，人人有致富希望。

4.各方帮扶是脱贫的力量。

贫穷是困扰人类发展的世界性难题，亦是世界范围内的历史性顽症。要摆脱贫困，仅靠贫困人本身的意志和力量是远远不够的。党和政府不但要赋予各项优惠政策，而且必须动员各有关部门和单位齐心协力予以扶持。正如习近平同志在《提倡“经济大合唱”》一文中所写的：“经济大合唱，有很强的艺术性，既要讲合唱的规律，又要讲合唱的技巧。所以，每个部门、每个人都要有整体战略的意识，心朝一处想，劲朝一处使，声朝一处发，那就可以唱出一支悠扬、嘹亮、动听的好歌来。”[1]

回眸赤溪村旅游业近年之所以能够风生水起，重中之重就在于活了交通，开辟了杨赤旅游专线公路，洞开山门，连接高速，里程大幅缩短，赢得了游客如织。而兴建这条总投资达3亿多元的专线路，就是“大合唱”的产物。既得益于宁德市委、市政府的高度重视和临阵督促，也得益于交通部门的特别关注和帮扶，更得益于毗邻的霞浦县委、县政府举全县之力的无私贡献，再加上福鼎市、磻溪镇、赤溪村的全力以赴，方能提前保质保量保畅通。如果没有各方合力支持，仅靠赤溪村群众是几代人也难以实现的。

1　习近平：《提倡“经济大合唱”》，见《摆脱贫困》，第12页。

5.“滴水穿石”是脱贫的支柱。

脱贫事业，这是浩大而繁杂的工程。有人寄希望于努力二三年就能改变贫穷面貌、彻底摆脱贫困，这是很难做到的。对于个别户或少数人，也许经过精准扶贫能够奏效，而对于整个村庄或一个贫困乡镇来说，就难乎其难了。

因此，扶贫工作必须践行习近平同志主政宁德时提出的“滴水穿石”“久久为功”思想。“一滴滴水对准一块石头，目标一致，矢志不移，日复一日，年复一年地滴下去——这才造就出滴水穿石的神奇！”[1]赤溪村32年来的艰辛历程和神奇嬗变，印证着“滴水穿石”这一精神支柱。因为有了这一支柱，才能带领群众，艰苦奋斗，顽强拼搏。因为有了这一支柱，才能凝心聚力，锲而不舍，持之以恒。因为有了这一支柱，才能激发内生动力，逢山开路，遇水搭桥。因为有了这一支柱，才能破釜沉舟，攻坚拔寨，不达目的誓不罢休！

6.加强党建是脱贫的关键。

“给钱给物，不如帮建一个好支部。”——这不仅是赤溪村村民的心声，也是所有从贫困村走向富裕村的见证。

距赤溪村不到半个小时车程的硖门畲族乡柏洋村，这里虽处海边，但过去的贫困程度不比赤溪好多少。自从建立了一个好支部，推选出了精明能干的支部书记王周齐，情况有了根本性的变化。王周齐23年如一日带领村干部和村民坚持自力更生脱贫致富，至2015年全村人均纯收入达2万元，比他刚上任时人均纯收入600元，剧增了30多倍。

1　习近平：《滴水穿石的启示》，见《摆脱贫困》，第58页。

磻溪镇党委与赤溪村党支部召开加强党建的联席会议

2010年9月5日，中共中央政治局常委、国家副主席习近平莅该村视察，听取了王周齐汇报自己“工作有信心，办事有公心，为民有爱心，团结有诚心，发展有恒心”，很是欣喜，当即给予赞扬。他当晚到厦门参加会议，回味这“五心”时恐有出入，又叫秘书打电话向王周齐核实。由此可见习近平同志对党建工作是何等的重视。他多次强调“要想脱贫致富，必须有个好支部”。

无数事实证明，基层党组织是扶贫脱贫第一线的核心力量，亦是激发群众内生动力、带领群众向贫困作斗争的关键所在。什么时候党支部削弱了，什么时候村民就会“群龙无首”，犹如一盘散沙；什么时候“战斗堡垒”坚强了，什么时候就会群情迸发，所向披靡。赤溪人对此体会最为深刻。

7.建设小康是脱贫的目标。

脱贫，是介于解决温饱之后往富裕过渡的中转站。“人往高处走，水向低处流”。人们在摆脱贫困不愁吃穿之时，如果陶醉于“小富即满”“随遇而安”，就会停滞不前，只享受现成果实而产生消极怠工。长此下去，不需三五年时间，一旦遇到天灾人祸，脆弱的脱贫基础就会动摇，甚至滑向返贫。

因此，必须教育村民群众树立远大的目标——建成小康社会。有了这一目标，就能持续发扬艰苦奋斗、顽强拼搏的精神。在发展项目上注重短、中、长期经济效益统筹兼顾，做到涓涓不绝的财源汇聚到小康社会。在村容村貌建设、精神文明建设等方面均以建成小康村为目标。赤溪村近几年的努力正是朝着这一目标迈进。2014年，全村人

鸟瞰赤溪村全貌

均纯收入达11674元，是30年前人均纯收入的70倍；2015年，全村人均纯收入又增加到13600元。但他们不满足、不停步。遵循习近平总书记在视频连线上“希望赤溪村再接再厉，在现有的这样一个取得很好成绩的基础上，自强不息，继续努力”。为达到实现小康的“最后一公里”，村党支部带领群众，盯得更远大些，把干劲鼓得更足够些，把砥砺前行的足迹迈得更大步些。

赤溪村畲族妇女结伴参加一年一度的元宵歌会

第六章

未结束的尾声

1.众人再拾柴

小康尚未建成，各方仍在努力。

看到找准“造血”功能，福鼎市农村信用合作联社大力实施特惠金融扶贫政策，在赤溪村完成农户建档310户，投放支农贷款122户，累计金额达2160万元。村民吴贻德原来经营一家小面店，已容纳不下火热的旅游人群，他想扩大餐饮规模却愁资本难筹，农信社工作人员通过调查核实，第一时间给予办理“益农宝”自助循环贷款，两个工

福鼎市农村信用合作联社信贷员与养殖户商谈贷款事宜

作日内即放款8万元，而且授信3年，让他实现在手机银行上自助还款。吴贻德笑逐颜开将小面店升级为“阿德四大缸”特色餐馆，以光鱼炖汤、香鱼粉扣、春笋目鱼、药膳土鸡为品牌，生意十分红火，开业才半年多，净收入达10万元，成了有名的致富能手。

“姓‘农’的就是我们农家银行，农信社帮我们‘造血’心连心呀！”许多村民有感于怀。吴伏淡想利用当地优质水资源养殖名贵的光鱼和香鱼，但没本钱。农信社得知情况后，派员深入田头调查，了解到他承包8亩鱼塘，确实没有资金买苗种。于是，他们只用两个工作日就放贷10万元，解决了吴伏淡的燃眉之急，让他如愿以偿养上了光鱼。吴伏淡也不辜负农信社的支持，采取特别措施精养、细养，让自己养的光鱼特别畅销，价值高，效益好，很快赶上了致富行列。

福建省青拓集团通过宁德市委主要领导牵线搭桥与赤溪村攀亲，为村里无偿提供了100万元作为创业基金。福建海鸥集团也慷慨支持。

首批从下山溪自然村搬迁至长安新街落户的22户村民，原建的二层木瓦房与后来陆续新建的三层半、混凝土结构楼房显得格格不入。另由于当时赶着应付搬迁落户，在建筑质量上缺乏严格把关，致使个别户的墙体出现断裂或成危房。

“同在一条新街上，我们感到压力大，必须拆掉重新建，才能达到小康标准。”李先如的侄儿李乃松如是说。

内生动力的驱动，迸发了继续拼搏精神。他们在自力

福建省扶贫基金会、扶贫开发协会为下山溪村民重建家园捐助

更生的基础上，镇、村领导多方筹集资金予以帮助，促使这22户三层半的混凝土结构的楼房再次拔地而起。看到外墙框架基本完成，省扶贫开发协会得知他们装修有困难，由会长叶继革偕同常务副会长、副会长一行，驱车专程来到赤溪，送上一份22万元的大礼包，每户补助1万元装修费。村民们盛赞这是“雪中送炭”。

这批村民的新房建成，不仅为小康村人均住房指数增加了显著的面积，而且他们可以利用一楼店铺，或自己经营生意，或出租，“旱涝保收”。

也许是情结所致，本人对赤溪村的小康进程仍然执着牵挂。为了把爱心传承给自己下一代，猴年初三，我带着儿子、孙子全家人来到赤溪村小学，用我的退休工资给20

名品学兼优的学生送去了6000元奖学金。寄希望于这些学生将来为赤溪村的美好生活接力奋斗，也教育自家子孙继续接力关心着赤溪村的发展。

加快开发乡村旅游业，是实现小康的不竭财源。曾担任过福建省旅游局局长的宁德市市长隋军，第一次到赤溪村调研时就看中了这里历史厚重的杜家堡(坑里弄)，她说这是明末清初遗留下来的不可复制的古民居，要求极力保护原貌。习近平总书记与赤溪村干部群众视频之后，她再次来到这里，指导修缮计划，要求村里精心把这个古堡打造成一道靓丽的风景点，为“中国乡村旅游模范村”创造经济效益。

习近平总书记对赤溪村的关怀，反响巨大、影响颇深。许多曾经在宁德工作过的领导，虽调离多年仍情系闽东。他们或来电祝贺宁德市委、市政府的扶贫成效，或恭喜赤溪村干部群众的幸福时刻，或询问需要帮助支持的事项……

习近平同志在宁德任职时，曾誉他为“闽东畲族领袖”的钟雷兴，退休后担任市关工委主任，尤为关注畲族后代的发展。不久前，他在赤溪村参加一次座谈会时，要求畲族的文化在这里得到传承，而且应该发扬光大。譬如要穿戴畲族服饰，保留畲族语言，常唱畲家山歌，努力打造特色村寨，增添旅游魅力。宁德市政协原主席姚智梅在家看到视频连线的报道，激情满怀地接受媒体采访，她希望赤溪人继续拼搏，再创新的业绩。担任过福鼎市政协主席的李宗廉（畲族），十分关心赤溪村的班子建设，多次

每逢周末，赤溪村的游人如织

同我电话探讨如何培养畲族村干部的问题。

曾经在赤溪村工作过5个年头，现为福鼎市桐城街道办事处党工委书记的吴敬亮，听说我回老家过年，特意上门说了这件事："赤溪村的旅游发展不能局限在一个村，应把这块'蛋糕'做得更大，产生辐射效应。就磻溪镇而言，有万亩的草场连接柘荣，有国家级历史文化名村，有红色革命根据地遗迹……让游客到这里留得住，有得看。"

作为福鼎市太姥山风景名胜区管委会党委书记的林施笔，更是无时不在关注赤溪村旅游业发展趋势，考虑山上山下如何互动，"大手""小手"怎样相牵？尽量做到旅游线路有机链接。在2月24日举行的全市旅游工作会议期间，林施笔告诉我："我们在包装生成一批项目，已把赤溪旅游、下山溪养生度假列入其中，同时帮助赤溪建成乡村旅游创客示范基地。”他们计划举办2016环太姥山·中国扶贫第一村——赤溪骑游暨第二届“太姥山杯”全国山地自行车越野赛。为此，负责大旅游宣传的管委会办公室副主任陈维新，充分利用现代网络和平台，捎带赤溪的消息，让赤溪村旅游宣传搭上了便车，促进了村旅游业的兴旺。

3月5日，春光明媚，暖风荡漾。福鼎市委宣传部、市农业局、文体局和太姥山管委会、太姥山旅游经济开发有限公司联合在赤溪村举办乡村旅游文化节暨赤溪美食特产展，迎来了近2万名游客汇聚“中国扶贫第一村”。福建新世纪旅行社、中亚旅行社、海峡旅行社、假日旅行社及罗源中旅等参与了旅游日组团活动，再次把赤溪的文化和美食推向社会。

赤溪名声响了，福鼎市的乡贤们纷纷牵线联络。在福建海事局工作的陈尔全和在福州工作的黄德美，引进了

赤溪美食节吸引众多游人

福建美霖农业发展有限公司、福建中亿文化旅游开发有限公司，开发旅游和现代化农业产业观光园落户在赤溪村，旨在助推村民致富。在泉州的宁德商会会长邓正强，悉知赤溪村加快步伐建小康，准备带领乡贤企业家到实地考察，真心实意帮助解决一些难题。在上海工作的曾云肃联系了北京光大建设集团旗下的多家实力企业拟到赤溪村投资……

"中国扶贫第一村"是时代的印记，是赤溪人祖辈、父辈的起点，但不会是年轻一辈的终点。

赤溪村的干部和群众为把"中国扶贫第一村"打造成"中国小康示范村""中国自强第一村"而自强不息，继续拼搏，砥砺前行！

2.找差距补短板

“忽如一夜春风来，千树万树梨花开。”

习近平总书记同赤溪村干部群众的视频连线，犹如温暖的春风吹拂神州，全国各地春意盎然，生机勃勃。随着“中国扶贫第一村”美誉度和知名度的提升，慕名到宁德赤溪村学习访问、参观取经的人们络绎不绝，越来越多。继本省许多市、县学习参观团到访的同时，上海、南京、河北、黑龙江等省市的学习考察团专程而来，还有不少单

“耕乐源”的悬空索桥

位正在联系中。

全国学赤溪，赤溪怎么办？

3月15日，乍暖还寒，赤溪山间的杜鹃还未成蕊。宁德市委书记廖小军偕同分管农村工作的副市长黄建龙，率领市直有关部门负责人，与福鼎市主要领导一起来到赤溪驻村三昼夜。他们通过与村民一起参加田头劳动、登门串户、个别访问、集体座谈等形式，广泛听取村民代表、村干部、企业家、村能人、大学生创业代表对赤溪发展的看法，共同寻找存在的不足，探讨如何补齐短板，努力实现赤溪先进更先进，永远向前进。

大家在深刻交谈中一致认识到，对照习近平总书记的热切希望，对照小康村的典型标准，主要存在着“四薄弱”“三缺乏”“两个少”“一不足”等问题。

“四薄弱”是：

经济基础薄弱。这几年虽然取得长足进步，但经济总量依然偏小，实力不强，后劲不足，与“第一村”的称号不够匹配。

产业功能薄弱。虽然村的旅游服务业与现代农业发展势头良好，但产业的层次较低，集中程度和经济效益不高，尤其个体产业功能不显著。

社会管理薄弱。这几年村容村貌、环境卫生大有改观，但整体社会治理的能力跟不上发展的需要，常有占道经营、占街为市的现象，尤其行业自律的格局尚未形成。

村级财力薄弱。2015年村财政收入虽有一定数额，但稳定收入部分不多，无法适应公共服务和社会保障的需求，尤其与富裕村的财力比较差距较远。

“三缺乏”是：

缺乏资金。不仅兴建项目的配套缺资金，集体办公益事业也缺资金，而且多数村民发展生产亦缺资金。

缺乏技术。村里虽有采取定期农技等方面培训，但仍满足不了多数农户的需求，尤其对一些新兴产业和精加工、精包装等方面缺乏科技知识。

缺乏能人。有志于创业创新和冒尖致富的能人偏少，无法带动周围群众看齐，多数人只能选择劳务打工，收入偏低。

“两个少”是：

特产开发少。当地虽然拥有诸多的山里货，养殖的名贵鱼，但缺少广度和深度的开发，难以形成规模和批量生产。林下经济几乎空白。满足不了旅游市场需求。

畲族特色少。人文的畲族服饰、畲族习俗、畲族歌舞

宁德市领导驻村召开座谈会，听取群众意见

较少体现，吸引不了游客的兴趣，无法让多数游客游在赤溪、留在赤溪、住在赤溪。

“一不足”是：

尚有部分村民的内生动力不足，有的存在着“小进则喜”“小富即安”的观念，不思跨大步奔小康；有的则存在“等、靠、要”思想，缺乏继续拼搏的自强不息精神。

亮丑不怕耻！

知耻而后勇！

山村的深夜特别宁静，辛劳的人们早已进入梦乡。但村部的大会场里依然灯光亮堂，村民代表、企业家、村干部、市领导们的发言声此起彼伏……

找到“短板”所在，就得及时补缺。

廖小军认真听取大家的意见，有的放矢提出了“十个以”：

一要以转变观念为前提，有效激发干部群众加快发展的内生动力。变“要我实现小康”为“我要加快实现小康”。再接再厉，自强不息，以最新的成效回报习近平总书记的厚爱与期望。

二要以建设小康村为目标，自我加压完善提升。把“旅游富村、农业强村、文化立村、生态美村”作为发展战略，凝心聚力，建设“五个赤溪”（即活力赤溪、美丽赤溪、文明赤溪、民主赤溪、幸福赤溪）和“135”目标（即：到2020年，村财政收入实现100万元，农民人均纯收入达到3万元，游客量达到50万人次）。

三要以“创新、协调、绿色、开放、共享”五大理念

赤溪村青年创业者的农家乐

为引领，采取“1+n”的思路谋发展，以旅游业为龙头，把农业、加工业、服务业有机联系起来，更加注重环境保护，既能满足旅游者“吃、住、玩、娱、购、乐”的要求，又能让当地群众共享到经济效益。

四要以“五个转变”（即资源变资产、资产变资金、资金变股金、农民变股东、农村变社区）为抓手，争创赤溪发展新优势。

五要以发展产业为重点，不断完善规划，突出特色，整合资源，加强营销，提升服务，增强壮大赤溪村的经济实力。

六要以增加收入为目的，在就业创业促增收、资产收益促增收、政策帮扶促增收、组织劳务外出促增收等方面，确保村民收入持续增长；通过探索资源收益，资金入股，资产投资，发展村企等方式促进村财收入持续增长。

七要以民生工程为配套，加强教育、卫生、生活设施和精神文明方面的投入和建设，不断提高村民的生活品质。

八要以提升素质为根本，培育新时代的新型农民。

九要以精准扶贫为要务，做到一个不能少一个不掉队。

十要以加强党建为关键，切实发挥村党支部的战斗堡垒作用。

热气球腾飞在赤溪上空

3.再造新明天

好雨知时节，当春乃发生。

年轻的大学生村干部孔永辉，虽然不是赤溪人，但有幸参与了视频连线，他难以掩饰激动之情说：“作为一名大学生村干部，我要加倍努力帮助村里消灭剩余的1%贫困。最近着手准备筹办‘智慧新景区’，将当地的餐饮、美食、旅游、民宿、特产、农业资源等信息整合起来，只要扫一下二维码就能让游客们更系统、便捷地了解赤溪的各种旅游信息。”原本在厦门从事电商行业的赤溪籍大学生吴秀丹，动了返乡创业的念头，但其在外务工的父母却迟疑不决，这次看到视频连线，一改初衷，乐意支持女儿返乡创业。

不是赤溪人胜似赤溪人的万博华旅游公司总经理庄庆彬，对赤溪旅游前景信心更足，点子更多了。他在近期打算建立一个占地70亩左右的山地越野车赛道，同时开放亲子教育与农耕文化相结合的亲子乐园。他还想把赤溪村打造成“慢客村”，让那些来自城市的白领、离退休人员及休假游客到这里，从快节奏转变为慢节奏生活，住宿农家木屋，呼吸新鲜空气，品尝生态食品……

根据宁德市委和福鼎市委的部署，赤溪村的干部群众

联合考察赤溪的旅游资源

正以崭新的姿态投入新一轮顽强拼搏。

“得道多助”。各有关部门积极响应党委号召，为打造名副其实的“第一村”而齐心助力，或出谋献策，或添砖加瓦，或对接帮扶项目。

由太姥山管委会、住建局、交通局及磻溪镇联合编制、完善一批规划，以赤溪村为中心的乡村旅游开发与提升，同时规划好周边的旅游景点，营造“大赤溪”概念。

由太姥山管委会和市旅游局牵头策划开发下山溪的溪谷度假区项目；修建杜家堡（坑里弄）、湖里岗游览步行栈道和索桥；同时争取把杜家堡列入国家级传统村落，对古民居进行全面改造提升、综合开发利用。

由农业局牵头安排发展一批农业产业，诸如采摘园（种植草莓、桑葚等）、开心农场、食用菌基地。

由水利局牵头扩建村自来水厂；在九鲤溪和下山溪沿岸兴建夜景灯光工程；利用下山溪的优质水资源，向国内知名企业（娃哈哈、农夫山泉）招商，开发纯净水项目。

由宣传部、人社局牵头制定一系列培训计划，设立福鼎市烹饪协会赤溪分会，定期举办烹饪班，免费提供培训，打造系列特殊菜品；定期组织特色农技培训；培养一批专业解说员和导游。

由民政局牵头计划建设占地3亩，三层楼2600平方米，可容60个标准床位，以老年医疗、康复、疗养为主体的服务中心，采取公办民营模式，社会化管理实现村财增收。

由住建局和磻溪镇牵头建设的大型停车场、农家乐餐饮集中区、闽东名优产品展销中心及扶贫教育培训基地。

由环保局牵头指导排污管道及污水处理厂建设，综合整治赤溪村及周边的环境，并在杜家村新建一座垃圾中转站。

由卫计局牵头负责建设磻溪卫生院赤溪分院，结合赤溪老年公寓及医疗康复服务中心建设项目。

赤溪村文化节人山人海

由扶贫办牵头协调建造赤溪扶贫博物馆，尽快尽量广泛收集相关的资料及文物。

由民宗局牵头建造赤溪畲族文化博物馆，同时选址溪南山兴建乡村大舞台，结合旅游开展民俗畲族文化表演。宁德市畲族歌舞团负责免费予以培训及指导。

由经信局、民政局、扶贫办牵头组织一批社会力量，确定20家企业结对人均年纯收入在7000元以下的低收入户及6户建档立卡户，一定3年帮扶到人。

由商务局牵头组织建设赤溪宣传网站，在网上平台推广赤溪旅游产品、“赤溪”牌农副产品，叫响“中国扶贫第一村”品牌。

由市场监管局牵头制定一套诚信经营、自律守则，通过建立行业协会实施监管机制。

……

赤溪村是传奇的，它32年来汇集了多少人们的心血和汗水！

赤溪人是幸运的，他们直接沐浴到党和国家领导人的关怀和恩惠！

在本书结尾之时，作者由衷地寄望于赤溪村干部群众：能够珍惜“第一村”、呵护“第一村”，再接再厉，奋发图强把“中国扶贫第一村”打造成“美丽幸福的畲族村”“中国小康的示范村”。

同时也祈福全国类似赤溪的贫困村，能够早日成为脱贫村、富裕村，在2020年“一个都不能少”地全面建成小康村！

后 记

当我接到福建人民出版社编辑的来电，确定要我着手撰写《赤溪——“中国扶贫第一村”纪实》一书时，心里不免忐忑，顾虑重重：

一是，以自己第一人称著写此书，感到十分为难，有“王婆卖瓜”之嫌。但推脱多次无法回避，只能“恭敬不如从命”。

二是，本人过去在新闻单位，都是写些短平快的消息、通讯，最多一篇报告文学也不上万字，如今要在短时间内写出数万言，深感棘手。

三是，本人电脑打字不过关，需按老常规逐字逐句爬格子，加上隆冬严寒，手指僵硬，年近古稀，腰椎突出，艰难状况，可想而知。

四是，时间过于仓促，从签约到交稿仅限33天。这期间恰逢过年，走亲访友，信息往来，在所难免，倍感压力。

也许是对赤溪村的情结所致，我咬着牙根承接任务，每天加班加点，大年初一也伏案疾书，每夜几乎只睡三四个小时，回想当年随宁德地委考察团北上、西进学习取经，白天行程不落，晚上两篇通讯，如今已是时过境迁，年纪不饶人了！

2月17日，我忽然接到一个新的任务，当天随同人民日报社福建分社社长赶到赤溪村。可万万没想到，19日上午是同习近平总书记视频连线。真切的感动、无限的感激、铭心的感恩溢于言表。前后虽耗3天时间，但习近平总书记的关怀与勉励却使我提振了精神，焕发了力量。尤其是要求我“协助大家总结宁德的一些扶贫经验”，“提供一些实际情况”，“为下一步我们全国全面摆脱贫困、建成小康”“发挥余热”，使我更加感到责任所在，责无旁贷。

这本册子脱稿之时，系在心上的压力随之解脱。但我却感到遗憾多于喜悦。遗憾的是：采访不全不深，或许挂一漏万，还有许多部门单位及同志为赤溪作出奉献的事迹未列其中；文字较为粗糙，没有精雕细琢，缺乏文学功底加以锻造；有些数据仅凭被采访者介绍，未经认真核实，或许出现纰漏及失误。敬请读者见谅！

尽管多少有些遗憾，总算交了一份差事。首先要感谢福建人民出版社领导对此书的高度重视。据说，曾召开专题会多次研究敲定，说明他们对我的信赖。

二要感谢陈增光、汤金华、王仲莘、林景华、缪耕山、李国坤等老领导、老同志对我的关心和鼓励。

三要感谢许多被采访者的积极配合，提供诸多有关素材。

四要感谢林增光、陈维新、兰佳喜、张仁璟、孔永辉、李文迪、吴敬汉等同志提供的部分照片。

五要感谢林泽劲、曾小玲夫妇加班帮忙打字、校对。还要感谢我的家人和亲友们的理解与支持。

本书撰写的时间定格了，而赤溪人的前进脚步并没有停止。寄希望于后来者为“中国扶贫第一村”再绘出更精彩的蓝图。

王绍据

2016年3月18日于蕉城